기둥영어는 특별합니다.

하루에 한 스텝씩
꾸준히 공부하면
쉽게 영어를 정복할 수 있습니다.

최파비아 기둥영어 9

최파비아 기둥영어 9

1판 1쇄 인쇄 2020. 12. 15.
1판 1쇄 발행 2020. 12. 28.

지은이 최파비아
도 움 최경 (Steve Choi)
디자인 Frank Lohmoeller (www.zero-squared.net)

발행인 고세규
발행처 김영사
등록 1979년 5월 17일(제406-2003-036호)
주소 경기도 파주시 문발로 197(문발동) 우편번호 10881
전화 마케팅부 031)955-3100, 편집부 031)955-3200 | 팩스 031)955-3111

값은 뒤표지에 있습니다.
ISBN 978-89-349-9146-5 14740
     978-89-349-9137-3 (세트)

홈페이지 www.gimmyoung.com 블로그 blog.naver.com/gybook
페이스북 facebook.com/gybooks 이메일 bestbook@gimmyoung.com

좋은 독자가 좋은 책을 만듭니다.
김영사는 독자 여러분의 의견에 항상 귀 기울이고 있습니다.

최파비아 기둥영어

영어공부를 재발명합니다

최파비아 지음

김영사

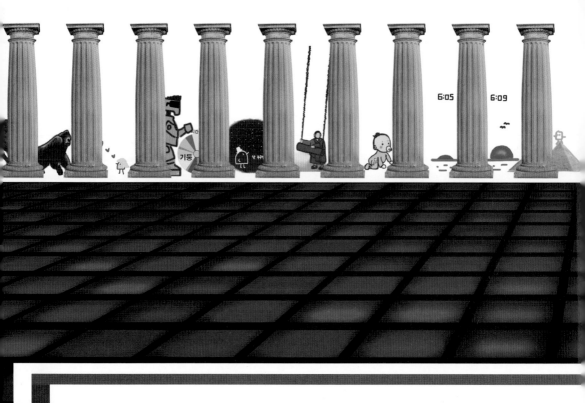

기둥 구조로
영어를 바라보는 순간
영어는 상상 이상으로
쉬워집니다.

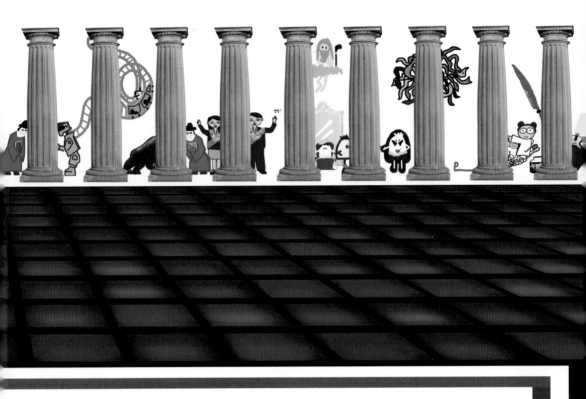

영어의 모든~ 말은 아무리 복잡해 보여도 다 이
19개의 기둥들로 이루어져 있습니다.

더 좋은 소식은, 19개 모두 한 가지 똑같은 틀로
움직인다는 거죠. 영어가 엄청 쉬워지는 겁니다.

지금까지 영어 정복은 끝이 없는 것처럼 보였을
텐데요. 19개의 기둥을 토대로 익히면 영어
공부에 끝이 보이기 시작할 겁니다.

한국인처럼 영어를 열심히 공부하는 사람은 없습니다.
왜 우리는 지금까지 "영어는 기둥이다"라는 말을 못 들어봤을까요?

기둥영어는 세 가지 특이한 배경의 조합에서 발견됐습니다.
첫 번째는 클래식 음악 작곡 전공입니다.
두 번째는 열다섯 살에 떠난 영국 유학입니다.
마지막으로 세 번째는 20대에 단기간으로 떠난 독일 유학입니다.

영국에서 영어만 쓸 때는 언어를 배우고 익히는 방법을 따로 고민하지 않았습니다.
영어의 장벽을 넘어선 후 같은 서양의 언어인 독일어를 배우며 비로소 영어를 새로운 시각
으로 바라볼 수 있었습니다. 클래식 음악 지식을 배경으로 언어와 음악을 자연스레 비교하
자 영어의 구조가 확실히 드러났으며, 그러던 중 단순하면서도 확실한 영어공부법을 발견하
게 되었습니다.
'기둥영어'는 이 세 가지의 특이한 조합에서 탄생한 새롭고 특별한 공부법임에 틀림없습니다.

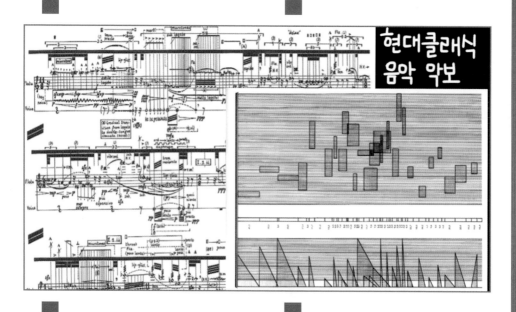

서양의 건축물을 보면 기둥이 있습니다. 서양인들은 건축뿐만 아니라 음악도 소리를 기둥처럼 쌓아서 만들었습니다. 건축이나 음악과 마찬가지로 영어도 기둥을 세우는 구조로 만들어져 있습니다. 영어의 기둥 구조는 건축과 음악처럼 단순합니다. 구조의 기본 법칙과 논리만 알면 초등학생도 복잡하고 어렵게 느끼는 영어를 아주 쉽게 자신의 것으로 만들 수 있습니다.

지금까지 우리가 알던 영어공부법은 처음에는 쉽지만 수준이 올라갈수록 어려워집니다. 이 기둥영어는 문법을 몰라도 끝까지 영어를 쉽게 배울 수 있습니다.

앱과 온라인 기반의 영어공부법이 우후죽순으로 나오고 너도나도 교재를 출간하는 등 영어 학습 시장은 포화 상태입니다. '기둥영어'는 왜 과열된 학습 시장에 뛰어들었을까요?

시장에 나와 있는 모든 영어공부법을 철저히 분석해봤습니다.

결론은 한국인은 영어공부를 너무 오랫동안 한다는 사실입니다.
죽어라 공부해야 결국 일상회화나 할 정도가 됩니다.
고급 영어는 아예 쳐다도 못 봅니다.
다시 말해 외국어 교육법으로는 형편없습니다.

유학생이 영어를 익힌 후 생활 속에서 자연스레 영어를 쓰듯, 국내에서 공부해도 유학생처럼 되는 영어공부법을 재발명할 필요가 있습니다. 그래서 영어공부법을 재발명했으며, 이것이 바로 기둥영어입니다. 더구나 이 방법은 사람들의 기대를 완전히 뛰어넘는 영어공부의 혁명입니다.

한국인은 전 세계에서 5위 안에 들 정도로 똑똑합니다.
이렇게 똑똑한 사람들은 시스템이나 구조보다 위에 있어야지, 그것들에 종속되어서는 안 됩니다. 우리는 중학교-고등학교-대학교까지 잘못된 영어 시스템에 종속되어 왔습니다. 심지어 유치원-초등학교까지 이 시스템에 종속되려고 합니다. 학교 영어교육 시스템에서 벗어나 사회로 나오면 또 돈을 들여 영어공부를 다시 시작합니다. 10년 아니 20년이 넘는 시간과 자신의 재능을 낭비하는 것입니다.

10대부터 60대까지 모든 연령대의 학생들을 가르치며 확신한 것이 하나 있습니다.
"우리는 이렇게까지 영어를 오랫동안 힘들게 할 필요가 없다."
이 바쁜 시대에 영어공부법은 쉽고 정확하고 빨라야 합니다. 빨리 영어를 도구로 삼아 더 큰 목표에 집중해야 합니다.
기둥영어는 영어라는 언어를 처음으로 우리에게 이해시켜줍니다.
쉬워서 모든 사람이 배울 수 있고, 정확한 분석으로 영어공부에 쉽게 적용할 수 있으며, 회화만이 아닌 모든 영역에 빠르게 생활화할 수 있습니다.
기둥영어가 여러분의 영어공부에 새로운 빛이 되어줄 것이라 확신합니다. 책을 통해 이 교육법을 모두와 공유합니다.

포기하지 마!
네가 못해서
떨린 게 아니야.

원어민 선생님과 바로 스피킹하는 기존 방식은 '맨땅에 헤딩'하기와 같습니다.

원어민은 태어나 한 번도 영어 스피킹을 배운 적이 없습니다. 우리가 한국어를 자연스럽게 터득한 것처럼 그들도 마찬가지입니다.

원어민 선생님은 그저 우리와 대화하면서 틀린 것을 고쳐주거나, 필요한 문장을 반복해서 외우라고 말합니다.

세상에 말이 얼마나 많은데 일일이 어떻게 다 외웁니까?
그렇게 외우다가는 끝이 없습니다. 고급 영어는 꿈도 못 꿉니다. 결국 포기하게 될지도 모릅니다.

즉석에서 문장을 만들어내며 나의 메시지를 전달할 줄 알아야 외국어 공부로부터 자유로워집니다.

유학을 갔다 오든, 한국에 있든, 영어를 잘하려면 영어의 큰 구조를 알아야 합니다. 그래야 영어 실력도 올리고 고급 영어까지 구사할 수 있게 됩니다.

지금도 초등학교에서는 영어 문장 고작 몇 개를 반복해서 말하며 익히는 것에 한 학기를 소비합니다.

그러다 중학교부터 시험에 들어가면 실제 영어랑 너무 달라서 결국 둘 중에 하나는 포기하기에 이릅니다.

공부해야 하는 기간에 영어를 놓쳐버린 우리는 성인이 되어 자비를 들여 실전 영어를 하려 하지만, 체계적인 방법은 없고 다 그때뿐입니다. 시간이 지나면 까먹어서 다시 기본 문장만 영어로 말하고 있습니다.

요즈음은 안 들리는 영어를 머리 아파도 참아가며 한 문장을 수십 번씩 듣고 따라 하는데 그게 얼마나 집요해야 할까요! 학생이든 성인이든 영어를 좀 알아야 하죠! 문장이고 문법이고 이해가 안 가는데…
"귀에서 피나겠어!"

기존 시스템은 우리를 너무 헷갈리게 합니다. 그래서 기둥영어는 영어의 전 과정을 세밀하게 담아내면서 남녀노소 그 어느 레벨이든 탄탄하게 영어가 쌓이도록 만들었습니다.

기둥영어를 담아낸 체계적인 시스템이 Map입니다. 그럼 Map을 구경해보죠.

9

〈교재사용법〉Map은 영어의 전 과정을 보여줍니다.

Map의 구성은 기존의 모든 영어책과 다릅니다. 가르쳐주지 않은 구조는 절대 예문으로 섞여 나오지 않기 때문에 (다른 모든 영어 교재들은 섞여 나옴) 자신감이 향상되면서 스피킹이 됩니다.

또한 개념을 꾸준하게 설명하면서 모든 것을 암기가 아닌 응용으로 익히기 때문에 스텝이 진행되면서 여러분이 말할 수 있는 영어 문장들은 기하급수적으로 많아집니다.

#	1	2	3	4	5	6	7	8	9
01	명령	주어 I you	will	do	does is	be + 잉	was were	did	there / YN Q
02	my your	can	me you him her	always ~ sometimes	too	right now	동명사 ing	for 2탄 (시간)	front back
03	not	not	be vs come	not	actually	not	mine ~ ours	YN Q	not / no
04	and	there over there (here)	in at on	home vs house	of	only	more + er than	불규칙	its
05	her his	he she we they	month + day	YN Q (do)	not	wear vs put on	practically	not	working mom
06	a	YN Q 1	come on	listen vs hear	fun vs funny	YN Q	not / was 잉	when	also
07	the	again + an the	not	am are	you look funny	through	before	yet	apparently
08	prefix : er	plural	later	from	still	boring	never	find vs look for	during
09	up down	YN Q 2	see vs watch vs look	am not + 명사	YN Q does is	first + all the time	into	obviously	after
10	number + money	in out	YN Q + us them	인간작동	love	you guys	out of	become	WH Q
11	please	take	but	have - 있다	thing(s) nothing	to 다리 1탄	one of them	WH Q	one none
12	동사 문법	our their	~s 소유격	therefore	off	WH Q	every vs all	what kind / sorts	below
13		WH Q	고급단어조심	WH does is	because	YN Q	YN Q	by 1탄	above (all)
14		this that	those + get vs be	so	few little	future + go vs come	most + est	once three times	which
15		Obj-It + just + try	주어 they	YN Q (am are)	for 1탄	a lot of	형용사	enough	both
16		WH 주어	WH 주어	with without	this easy	too / buy me this	vs neither	that	either a or b
17		then	WH 1	really	what + noun	about	over	think / believe so	next, next to
18		tag Q	to	speak vs tell talk say	o'clock	what on earth	WH Q	I said	if 1탄
19			give me (to) him	WH do	WH 1	WH 1	some + any + no	almost	tag Q
20			tag Q	WH am are	keep him happy	WH 주어	ago (뒤)	mean	manage to
21			back	play - sports	how + adj	so much	it's easy to judge		WH 주어
22				I do well / I am well	properly	more money than 1탄	good better worst	anyway, by the way	
23				or	under	tag Q	WH 주어	did you use to	
24				make me go	WH 주어	to 다리 2탄	hearing + shopping	tag Q	
25				you	adverb ~ly		pretty quite		
26				some many much 1탄	like 1		tag Q		
27				tag Q	ly 2탄 exactly actually		even		
28				very	tag Q				
29				thank you you are welcome	like 2				
30					thank you it's all right				

스텝에서는 우리말이 많아 보이지만 우리말 설명 앞에 계속해서 나오는 #이 붙은 모든 문장을 이제 여러분 스스로 영어로 말하게 될 것입니다. 설명은 많지 않습니다. 개념을 익히고 계속 영어로 만들면서 진행합니다. 그래서 영어라는 언어가 어떤 것인지 정확히 감을 잡게 됩니다. 이렇게 해야 영어 공부에서 자유로워집니다.

말하기로 진도가 나가면서 듣기, 쓰기, 독해를 함께 끝낼 수 있습니다.

언어는 이렇게 모든 것을 아우르며 공부하는 것이 맞습니다.

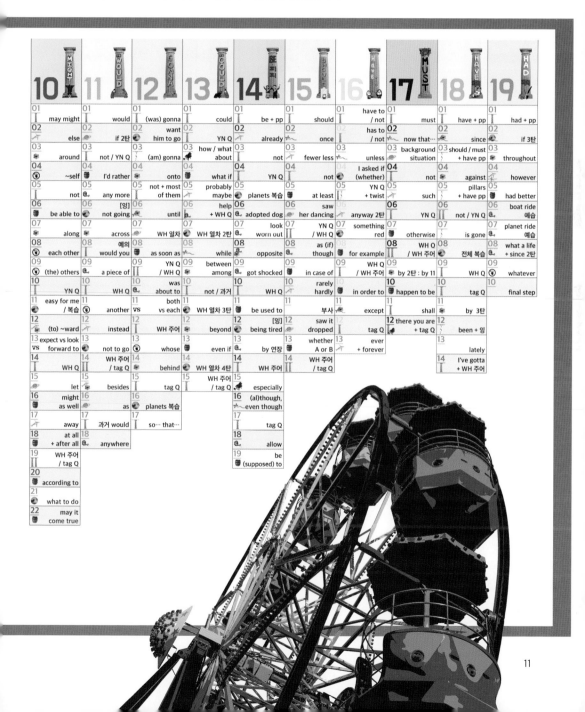

10 MIGHT
- 01 may might
- 02 else
- 03 around
- 04 ~self
- 05 not
- 06 be able to
- 07 along
- 08 each other
- 09 (the) others
- 10 YN Q
- 11 easy for me / 복습
- 12 (to) ~ward
- 13 expect vs look forward to
- 14 WH Q
- 15 let
- 16 might as well
- 17 away
- 18 at all + after all
- 19 WH 주어 / tag Q
- 20 according to
- 21 what to do
- 22 may it come true

11 WOULD
- 01 would
- 02 if 2탄
- 03 not / YN Q
- 04 I'd rather
- 05 any more
- 06 not going
- 07 across
- 08 would you
- 09 a piece of
- 10 WH Q
- 11 another
- 12 instead
- 13 not to go
- 14 WH 주어 / tag Q
- 15 besides
- 16 as
- 17 과거 would
- 18 anywhere

12 GONNA
- 01 (was) gonna
- 02 want him to go
- 03 (am) gonna
- 04 onto
- 05 not + most of them
- 06 until
- 07 WH 열차
- 08 as soon as
- 09 YN Q / WH 열차
- 10 was about to
- 11 both vs each
- 12 WH 주어
- 13 whose
- 14 behind
- 15 tag Q
- 16 planets 복습
- 17 so… that

13 COULD
- 01 could
- 02 YN Q
- 03 how / what about
- 04 what if
- 05 probably maybe
- 06 help + WH Q
- 07 WH 열차 2탄
- 08 while
- 09 between among
- 10 not / 과거
- 11 WH 열차 3탄
- 12 beyond
- 13 even if
- 14 WH 열차 4탄
- 15 WH 주어 / tag Q

14 BE 맞다
- 01 be + pp
- 02 already
- 03 not
- 04 YN Q
- 05 planets 복습
- 06 adopted dog
- 07 worn out
- 08 opposite
- 09 got shocked
- 10 WH Q
- 11 be used to
- 12 being tired
- 13 by 연장
- 14 WH 주어
- 15 especially
- 16 (al)though, even though
- 17 tag Q
- 18 allow
- 19 be (supposed) to

15 SHOULD
- 01 should
- 02 once
- 03 fewer less
- 04 not
- 05 at least
- 06 saw her dancing
- 07 YN Q / WH Q
- 08 as (if) though
- 09 in case of
- 10 rarely hardly
- 11 부사
- 12 saw it dropped
- 13 whether A or B
- 14 WH 주어 / tag Q

16 HAVE TO
- 01 have to / not
- 02 has to / not
- 03 unless
- 04 I asked if (whether)
- 05 YN Q + twist
- 06 anyway 2탄
- 07 something red
- 08 for example
- 09 WH Q / WH 주어
- 10 in order to
- 11 except
- 12 tag Q
- 13 ever + forever
- 14 WH 주어

17 MUST
- 01 must
- 02 now that…
- 03 background situation
- 04 not
- 05 such
- 06 YN Q
- 07 otherwise
- 08 WH Q / WH 주어
- 09 by 2탄 : by 11
- 10 happen to be
- 11 shall
- 12 there you are + tag Q
- 13 ever

18 HAVE + pp
- 01 have + pp
- 02 since
- 03 should / must + have pp
- 04 against
- 05 pillars + have pp
- 06 not / YN Q
- 07 is gone
- 08 전체 복습
- 09 WH Q
- 10 tag Q
- 11 by 3탄
- 12 been + 잉
- 13 lately
- 14 I've gotta + WH 주어

19 HAD + pp
- 01 had + pp
- 02 if 3탄
- 03 throughout
- 04 however
- 05 had better
- 06 boat ride 예습
- 07 planet ride 예습
- 08 what a life + since 2탄
- 09 whatever
- 10 final step

〈교재사용법〉 아이콘 설명

기둥을 중심으로 Map을 따라가다 보면 영어의 다양한 구조들을 빈틈없이 싹 훑게 될 것입니다. 영어는 기둥을 계속 나란히 세울 수 있게 만들어진 언어이고 그 기둥들에 붙는 다양한 도구들은 총 10개밖에 안 됩니다. 이것들로 인해 영어는 다시 한번 엄청 쉬워집니다.

이 도구의 아이콘들과 특이한 명칭들은 여러분에게 재미있으라고 만든 것도 아니고 심심해서 만든 것도 아닙니다.

각 문법의 특징을 상기시켜주는 중요한 도움이 될 장치라는 것을 알게 될 겁니다. 모든 그림은 문법의 기능을 보여주기 위한 것이며 각각의 틀을 정확히 알아야 처음으로 접한 말도 스스로 응용해 영어로 만들 수 있습니다. 각 아이콘은 초등학생도 영어 구조의 기능을 완전히 파악할 정도로 정확히 보여줍니다.

그러면 등위 접속사, 부정사 명사 기능, 관계대명사, 부사구, 분사구문 조건절 등등 저 잡다하고 복잡한 모든 문법 용어가 다 사라집니다. 하지만 여러분은 정확하게 문법들을 사용할 수 있게 되죠.

그리고 고급 문법 구조들도 스스로 응용하여 새로운 말까지 만들어낼 수 있습니다.

반복되는 아이콘이 머릿속에 문법의 기능과 이미지로 팍팍 새겨지며 복잡한 문법들이 이렇게 귀여운 10개의 도구로 끝납니다.

나중에는 이미지만으로 설명 없이도 새로운 구조를 바로 이해하게 됩니다. 이렇게 적은 수의 아이콘으로 어려운 문장들까지 쉽게 읽고 말하는 신비한 경험을 하게 될 겁니다.

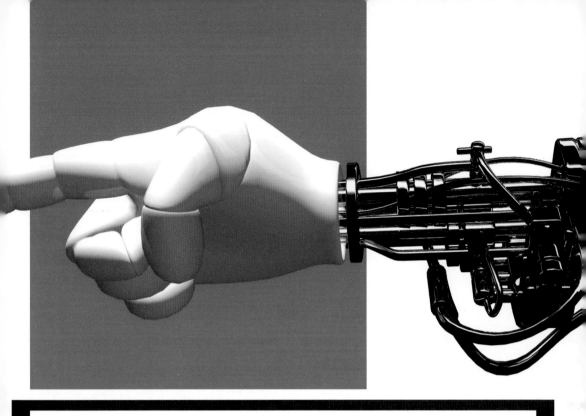

〈문법 용어〉

영어를 모를 때나 문법 용어를 찾게 되지 영어가 보이면 문법 용어는 쳐다보지도 않게 됩니다. 이 코스로 배운 모든 학생이 경험한 변화입니다. 여러분도 각 기능을 다 알고 나면 더 이상 이 아이콘을 굳이 쓰지 않아도 됩니다. 정작 영어를 하기 시작하면 용어 자체를 말하는 일 없이 자신의 말을 하기 때문입니다.

영어는 반복 훈련이 필요하다는 것을 다들 아실 것입니다.
하지만 언어는 다양하게 말할 수 있기 때문에 운동이나 악기연습같이 똑같은 것을 반복하는 훈련이 아닌 작곡 같은 훈련을 해야 합니다. 같은 패턴이나 문장의 암기가 아닌 자신의 말로 다양하게 만들어보는 반복 훈련을 하면 훨씬 더 큰 결과물을 빠르게 얻습니다. 그런 반복 훈련이 될 수 있도록 매 스텝을 준비했습니다.

각 스텝에 주어진 단어들이 너무 쉬워 보이나요? 쉬운 단어들을 드리는 이유는 구조를 정확히 볼 수 있게 하기 위해서입니다. 단어까지 어려우면 뒤에 숨겨진 구조를 보지 못합니다. 하지만 구조를 정확하게 이해하면 어려운 단어들로 이루어진 복잡한 문장도 쉽게 말할 수 있습니다.

이 모든 것을 쉽게 따라올 수 있도록 Map을 만들었습니다.

스텝 안에서 유념해야 할 부분

#이 붙은 문장은 설명을 보지 말고, 바로 영어로 만들라는 뜻입니다. 이렇게 계속 새로운 우리말을 영어로 직접 만들면서 익혀나갑니다. 설명만을 읽으면 지루하기도 하고, 또 문장만 만들면 암기를 하게 되는 식이라 응용법을 익힐 기회가 사라집니다. 설명을 보지 말고 함께 제공되는 가리개로 가리면서 직접 영어로 만드세요.

#이 붙은 문장들은 그 스텝에서 배우는 것만 나오지 않고, 그 전의 스텝에서 배운 것도 랜덤으로 섞이면서 접하지 않은 새로운 문장으로 나오기 때문에 퀴즈처럼 항상 머릿속으로 헤아리면서 진행해야 합니다. 재미있을 겁니다.

#이 붙은 문장을 보면 아래 설명 부분을 가리개로 가리고 공부하면 좋습니다. 정확히 구조를 모를 때는 공책에 먼저 써본 후 말하는 것을 추천합니다. 안다고 생각해도 정작 써보고 나서 가이드와 비교하면 틀리는 경우를 종종 봐왔기 때문입니다.

스텝 설명 예시

#A: 그녀는 나이가 듦에 따라, 자신감도 늘어났어.
> grow old / confidence [컨*피던스] / gain [게인] <
나이가 듦 = 자신감 늘어남. 그래서 as를 쓸 수 있죠.
→ As she grew older, she gained more confidence.

#B: 그래? 나는 나이가 듦에 따라, 몸무게가 늘었는데.
> weight / gain <
→ Yeah? As I grew older, I gained weight.

#A: 그것만이 아니지.
→ That's not all. / Not only that.이라고도 잘 쓴답니다.

#나이가 들면서 혈당량도 올라갔지.
> blood sugar level <
나이가 듦 = 혈당량도 올라감
→ As you grew older, your blood sugar level went up too.

가리개 설명

여러분은 스텝 안의 #이 붙은 모든 문장과 연습 문장을 직접 영어로 만들어나갑니다.
먼저 배운 것도 랜덤으로 섞여 나오므로 계속 이전의 것도 함께 기억하면서 새로운 것을
배웁니다.
여러분이 직접 골라서 사용할 줄 알아야 하기 때문에 잘 생각날 수 있게 가리개에 기록해두
었습니다.

이제 5형식이나 시제, 조동사 등을 굳이 배울 필요가 전혀 없습니다.

가리개에는 영어의 모든 구조가 이미지로 그려져 있습니다.
기둥에는 기둥의 기능을 보여주는 이미지도 그려져 있습니다.
배우지 않은 것들은 나오지 않으니, 항상 배운 것 안에서만 골라내면 됩니다.

연습장 설명

연습장에서 제공되는 기둥은 이미 배운 기둥뿐입니다. 위의 샘플을 보면 15번 기둥까지 배웠음을 알 수 있습니다.

문장을 만들 때는 기둥을 생각하면서 맞는 기둥을 골라 구조에 맞게 끼워 넣기만 하면 됩니다. 기둥으로 영어를 보면 우리말에 이미 힌트가 다 들어 있다는 것을 알게 됩니다. 생각할 필요 없이 단어만 끼워 맞추면 끝입니다. 영어의 모든 말은 기둥으로만 이루어져 있고, 모든 기둥은 한 가지 구조로만 움직이니 여러분은 레고처럼 그냥 단어만 끼우면 됩니다.

예문을 영어로 바꿀 때 필요한 영단어는 아래 예시처럼 회색으로 제공되며 우리말 순서대로 나열됩니다. 예를 들어, "안전벨트는 당신의 목숨을 구할 수도 있습니다." 아래에는 seatbelt / life / save로 단어가 나열됩니다.

우리말을 읽으면서 대체할 단어가 순서대로 제시되어 있습니다.
발음은 가이드라인일 뿐입니다. 접한 후 영어 발음으로 더 연습하세요.

스텝 설명 예시

#의사: 두 분 중 한 분은 가까이 계시는 편이
좋겠습니다, 동의가 필요할 것을 대비해서요.
close / stay / consent [컨센트]=동의서

One of you should stay close
....in case we need your consent.

#내가 산에 위스키 한 병을 가지고 오마, 우리가 뱀에
물리는 경우를 대비해서.
mountain / whiskey / bottle / snake / bite

I'll bring a bottle of whiskey to the
....mountain in case we get bitten by a snake.

연습장 설명

예문 오른쪽 하단의 가이드 역시 가리개로 가리고 영어 문장을 만들면 좋습니다. 연습장에서도 더 시간을 투자할 수 있으면, 공책에 적으면서 말하는 것을 추천합니다. 쓰면서 하는 공부는 다릅니다. 직접 써보면 안다고 생각했던 문장도 틀리기 쉽다는 것을 알게 될 것입니다. 적은 것을 확인한 후에 영어로 말하며 다시 만들어봅니다. 천천히 만들면서 우리말에 감정을 싣듯이 영어에도 감정을 실어 말합니다.

그 후 발음까지 좋게 하기를 원하면 www.paviaenglish.com으로 가서 리스닝 파일을 들으면서 셰도잉 기법을 활용하면 됩니다. 셰도잉 기법은 문장이 끝날 때까지 기다리지 않고 상대가 말하는 대로 바로바로 따라 말하는 방법입니다. 그러면 발음은 금방 자연스럽게 좋아집니다.

하루에 한 스텝씩! 매 스텝을 하루 10분 이내로 1개씩만 해도 1년이면 다 끝납니다. 이미 해본 학생들 말로는 한 스텝씩이기 때문에 벅차지 않다고 합니다.

1년 뒤면 실제로 영어가 여러분의 것이 될 수 있습니다. 원서로 책을 읽고, 할리우드 영화를 영어 자막으로 보다가 자막 없이도 보고, 궁금한 내용을 구글에서 영어로 검색하는 등 실제 유학생들처럼 영어가 공부가 아닌 생활이 되기 시작할 것입니다.

영어를 어느 정도 익힌 학생들이나 빠르게 끝내야 하는 학생들을 위해 Map 안에 지름길이 세팅되어 있습니다.

다음 페이지에서 세 종류의 지름길을 소개합니다.

지름길: 필요에 따라 적절한 코스대로 익혀나가도 좋습니다.
290-291쪽에서 아이콘 요약서를 접하면 좀 더 빠르게 진행할 수 있습니다.

문법 지름길 코스
학교에서 배우는 문법을 이해 못하겠다. 말하기는커녕 독해도 어렵다. 서둘러 늘고 싶다.

고급 지름길 코스
기본 영어는 잘하고 어휘와 문법은 꽤 알지만 복잡한 문장들은 혼자서 만들 수가 없다.

여행 지름길 코스
영어를 하나도 모르지만 내 여행 스타일에 맞는 영어를 준비해서 갈 수 있으면 좋겠다.

문법 지름길

		02[13]	WH Q			05[04]	of
01[01]	명령	02[15]	Obj-it + just + try	04[01]	do	05[05]	not
01[02]	my your	02[16]	WH 주어	04[02]	always ~ sometimes	05[07]	you look funny
01[03]	not	02[17]	then	04[03]	not	05[09]	YN Q does is
01[04]	and	02[18]	tag Q	04[05]	YN Q (do)	05[10]	no idea
01[05]	her his			04[07]	am are	05[12]	off
01[06]	a	03[01]	will	04[08]	from	05[13]	WH does is
01[07]	the	03[02]	me you him her	04[09]	am not + 명사	05[14]	few little
01[09]	up down	03[04]	in at on	04[14]	so	05[15]	for 1탄
01[12]	동사 문법	03[07]	not	04[15]	YN Q (am are)	05[16]	find this easy
		03[10]	YN Q + us them	04[16]	with without	05[17]	what + noun
02[01]	주어 I You	03[11]	but	04[19]	WH do	05[19]	WH 1
02[02]	can	03[12]	~s 소유격	04[20]	WH am are	05[20]	keep him happy
02[03]	not	03[13]	WH Q	04[22]	I do well I am well	05[21]	how + adj
02[05]	he she we they	03[15]	주어 it they	04[23]	or	05[23]	under
02[06]	YN Q 1	03[16]	WH 주어	04[24]	make me go	05[25]	adverb ~ly
02[08]	plural	03[17]	WH 1	04[26]	some many much	05[26]	like 1
02[09]	YN Q 2	03[18]	to				
02[12]	our their	03[19]	give me (to) him	05[01]	does is	06[01]	be + 잉

06^{03}	NOT	08^{13}	by 1탄	11^{16}	as		
06^{07}	through	08^{16}	that	11^{17}	과거 would	15^{01}	should
06^{08}	boring	08^{17}	think / believe so			15^{02}	once
06^{11}	to 다리 1탄	08^{18}	I said	12^{01}	(was) gonna	15^{06}	saw her dancing
06^{13}	because	08^{23}	did you use to	12^{02}	want him to go	15^{09}	in case of
06^{14}	future + go vs come			12^{03}	(am) gonna	15^{11}	부사
06^{16}	buy me this	09^{01}	there / YN Q	12^{06}	until	15^{12}	saw it dropped
06^{17}	about	09^{02}	front back	12^{07}	WH 열차		
06^{19}	WH 1	09^{03}	not / no	12^{08}	as soon as	16^{01}	have to / not
06^{22}	more money than	09^{04}	its	12^{09}	YN Q / WH Q	16^{02}	has to / not
06^{24}	to 다리 2탄	09^{05}	working mom	12^{13}	whose	16^{05}	YN Q + twist
		09^{08}	during	12^{14}	behind	16^{07}	something red
07^{01}	was were	09^{09}	after	12^{16}	planets 복습	16^{10}	in order to
07^{02}	동명사 ing	09^{14}	which	12^{17}	so…that…	16^{11}	except
07^{03}	mine ~ ours	09^{16}	either a or b				
07^{04}	more + er than	09^{17}	next, next to	13^{01}	could	17^{01}	must
07^{06}	not / was 잉	09^{18}	if 1탄	13^{02}	YN Q	17^{02}	now that…
07^{07}	before			13^{06}	help + WH Q	17^{03}	background
07^{08}	never	10^{01}	may + might	13^{07}	WH 열차 2탄	17^{09}	by 2탄: By 11
07^{14}	most + est	10^{04}	~self	13^{08}	while		
07^{15}	형용사	10^{06}	be able to	13^{10}	not / 과거	18^{01}	have + pp
07^{16}	too vs neither	10^{11}	easy for me + 복습	13^{11}	WH 열차 3탄	18^{02}	since
07^{17}	over	10^{14}	WH Q	13^{14}	WH 열차 4탄	18^{03}	should + have pp
07^{19}	some + any + no	10^{15}	let			18^{05}	pillars + have pp
07^{20}	ago (뒤)	10^{20}	according to	14^{01}	be + pp	18^{07}	is gone
07^{21}	it's easy to judge	10^{21}	what to do	14^{03}	NOT	18^{11}	by 3탄
07^{22}	good better worst	11^{01}	would	14^{04}	YN Q	18^{12}	been + 잉
		11^{02}	If 2탄	14^{06}	adopted dog	18^{13}	lately
08^{01}	did	11^{03}	not + YN Q	14^{07}	look worn out		
08^{02}	for 2탄 (시간)	11^{06}	[잉] not going	14^{11}	he used to	19^{01}	had + pp
08^{03}	YN Q	11^{08}	예의 would you	14^{12}	[잉] being tired	19^{02}	if 3탄
08^{04}	불규칙	11^{09}	a piece of	14^{13}	by 연장	19^{04}	however
08^{06}	when	11^{13}	not to go	14^{16}	(al)~, even though	19^{05}	had better
08^{12}	what kind / sorts			14^{18}	allow	19^{08}	what a life + since

				12-17	so…that…	17-02	now that…
01-01	명령	07-01	was were			17-03	background
01-03	not	07-02	동명사 ing	13-01	could	17-07	otherwise
		07-05	practically	13-04	what if	17-10	happen to be
02-01	주어 I you	07-21	It's easy to judge	13-07	WH 열차 2탄		
02-02	can			13-11	WH 열차 3탄	18-01	have + pp
02-03	not	08-01	did	13-13	even if	18-02	since
02-06	Y.N Q 1	08-16	that	13-14	WH 열차 4탄	18-03	should + have pp
02-09	Y.N Q 2					18-05	pillars + have pp
02-13	WH Q	09-01	there / YN Q	14-01	be + pp	18-07	is gone
02-16	WH 주어	09-03	not / no	14-03	not	18-12	been + 잉
		09-07	apparently	14-06	adopted dog		
03-17	WH 1	09-14	which	14-07	look worn out	19-01	had + pp
03-19	give me (to) him	09-18	if 1탄	14-11	be used to	19-02	if 3탄
		09-20	manage to	14-12	[잉] being tired	19-08	what a life + since
04-01	do			14-16	(al)~, even though		
04-03	not	10-01	may might	14-19	be (supposed) to		
04-07	am are	10-15	let				
04-12	therefore	10-16	might as well	15-01	should		
04-13	고급단어조심	10-21	what to do	15-02	once		
04-14	so			15-06	saw her dancing		
04-22	I do well I am well	11-01	would	15-08	as (if) though		
04-24	make me go	11-02	if 2탄	15-09	in case of		
		11-06	[잉] not going	15-12	saw it dropped		
05-01	does is	11-13	not to go	15-13	whether A or B		
05-03	actually	11-16	as				
05-04	of	11-17	과거 would	16-01	have to / not		
05-22	properly			16-03	unless		
		12-01	(was) gonna	16-04	I asked if (whether)		
06-01	be + 잉	12-02	want him to go	16-05	YN Q + twist		
06-11	to 다리 1탄	12-03	(am) gonna	16-07	something red		
06-13	because	12-07	WH 열차	16-10	in order to		
06-19	WH 1	12-10	was about to				
06-24	to 다리 2탄	12-13	whose	17-01	must		

		04^{11}	have - 있다	07^{21}	it's easy to judge	12^{02}	want him to go
01^{01}	명령	04^{14}	so			12^{03}	(am) gonna
01^{02}	my your	04^{16}	with without	08^{01}	did	12^{06}	until
01^{03}	not	04^{23}	or	08^{02}	for 2탄 (시간)	12^{07}	WH 열차
01^{04}	and			08^{03}	YN Q		
01^{09}	up down	05^{01}	does is	08^{04}	불규칙	13^{01}	could
01^{10}	number + money	05^{03}	actually	08^{05}	not	13^{02}	YN Q
01^{11}	please	05^{04}	of	08^{06}	when	13^{03}	how / what about
		05^{05}	not	08^{11}	WH Q	13^{07}	WH 열차 2탄
02^{01}	주어 I You	05^{10}	no idea	08^{12}	what kind / sorts		
02^{02}	can	05^{11}	thing(s) nothing	08^{13}	by 1탄	14^{01}	be + pp
02^{03}	not	05^{15}	for 1탄	08^{16}	that	14^{06}	adopted dog
02^{04}	over there (here)	05^{17}	what noun	08^{18}	I said		
02^{06}	YN Q 1	05^{19}	WH 1	08^{20}	mean	15^{01}	should
02^{07}	again + an the	05^{21}	how + adj			15^{07}	YN Q / WH Q
02^{13}	WH Q	05^{23}	under	09^{01}	there / YN Q		
02^{14}	this that	05^{25}	adverb ~ly	09^{03}	not / no	16^{01}	have to / not
02^{15}	Obj-it + just + try	05^{26}	like 1	09^{05}	working mom	16^{02}	has to / not
02^{17}	then			09^{08}	during	16^{05}	YN Q + twist
		06^{01}	be + 잉	09^{09}	after	16^{11}	except
03^{01}	will	06^{07}	through	09^{10}	WH Q		
03^{04}	in at on	06^{08}	boring	09^{14}	which	17^{01}	must
03^{10}	YN Q + us them	06^{11}	to 다리 1탄	09^{17}	next, next to	17^{03}	background
03^{11}	but	06^{12}	WH Q	09^{18}	if 1탄	17^{04}	not
03^{13}	WH Q	06^{13}	because				
03^{14}	those + get vs be	06^{14}	future + go vs come	10^{01}	may might	18^{01}	have + pp
03^{21}	back	06^{15}	a lot of	10^{15}	let	18^{02}	since
		06^{17}	about	10^{21}	what to do	18^{03}	should + have pp
04^{01}	do	06^{24}	to 다리 2탄			18^{07}	is gone
04^{03}	not			11^{01}	would		
04^{05}	YN Q (do)	07^{01}	was were	11^{08}	예의 would you		
04^{07}	am are	07^{02}	동명사 ing	11^{10}	WH Q		
04^{08}	from	07^{07}	before				
04^{09}	am not + 명사	07^{19}	some + any + no	12^{01}	(was) gonna		

Index

18

HAVE + pp 기둥

19

HAD + pp 기둥

HAVE + pp 기둥

18

1801

현재완료시제

HAVE + pp

축하합니다! 마지막 트랙에 도착하셨습니다.
어? 19번이 마지막인데 하는 분?

이렇게 긴 여행을 했는데 19번은 좀 놀아야죠!
19번은 가장 안 쓰이는 기둥으로 스텝 짧게
마무리하면서 구경하고 논 다음 "끝! 따단~!"
할 겁니다.
다시 말해 이번 18번 트랙이 여러분이 제대로
밟을 마지막 스텝들인 거죠.
그러니 깊게 심호흡 한번 하고 한 발자국
한 발자국 음미하며 들어가봅시다!

"그래도 19번 기둥도 열심히 해야 하는 것 아
닙니까? 마지막에 와서 '직무유기' 아닙니까?"
라며 의지력 불태우는 분들.
18번에 나오는 기둥과 19번에 나오는 기둥은
거의 똑같답니다. 하나를 알면 다른 기둥은 자
동으로 알 수 있으니 걱정 마세요.

대신 불타는 의지력으로 영어에서 중요한
'복습' 한번 해볼까요?
마지막을 통과하기 전 지금까지 배운 기둥들
을 정리할 테니 잘 파악하고 있는지 확인해보
세요.

먼저 타임라인을 중심으로 봐보죠.
흐르는 시간을 상상하며 선을 그어보세요.
우리는 지금 선 중앙에 있습니다. 상상하고 있
나요? 그럼 들어가보죠.

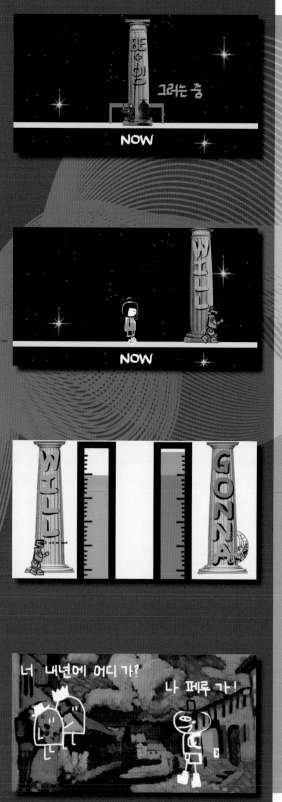

지금 당장 설명하며 읽고 있는
이 상황을 말하고 싶을 때 꺼내 쓰면 되
는 기둥은?
BE + 잉 기둥이었죠. (기둥 6)

미래를 말할 때 쓰는 기둥 중
'그럴 거다. 할 거다' 식으로 일어날 가능
성 85~90% 정도를 말할 때 쓰는 기둥?
WILL 기둥이었습니다. (기둥 3)

미래란 예상하는 것이기 때문에, 다양한 강도
가 나올 수 있겠죠? 그래서 영어는 그 예상의
강도를 기둥으로 조절한다고 했습니다.
그러면 **WILL** 기둥보다 좀 더 일어날 가
능성이 높은, 95% 정도의 가능성을 말
해주는 기둥은?
GONNA 기둥 (기둥 12)

시간을 보여주면서 99.99%로 일어난다
고 말하는 기둥은?
다시 BE + 잉 기둥이었죠? (기둥 6)
너무 미래가 확실해서 아예 지금부터 일어나
고 있다는 느낌을 전달해주는 겁니다. 대신 이
것은 tomorrow, next week처럼 시간이 나
와야지 안 그러면 지금 당장 하는 것과 헷갈릴
수 있습니다, 그렇죠?

강도를 올려봤으니 이제 반대로 약하게 내려
보죠.
WILL 기둥보다 약한 기둥은?
비슷하게 생긴 WOULD 기둥 (기둥 11)

WOULD 기둥보다 더 약해서 50% 정도
의 미래 가능성밖에 말하지 않는 기둥은?
MIGHT/MAY 기둥 (기둥 10)
MIGHT와 MAY는 21세기에는 거의 비슷한
느낌으로 사용한다고 했습니다. 그래도 비교
한다면 MIGHT는 30%까지 내릴 수 있었죠.

그럼 이번에는 타임라인에서 반대편인 과거
로 가볼까요?
과거 기둥은?
DID와 WAS 기둥을 접했죠. (기둥 7 & 8)
둘 다 같은 과거인데 이것들이 피곤하게
두비로 분리되어버리는 바람에 기둥이 2개인
것처럼 보였습니다.

그럼 지금까지 나열한 이 모든 타임라인
을 다 덮는 기둥은?
바로 DO/AM 기둥입니다. (기둥 4)
이 기둥도 사람 피곤하게 세포분열하는 바람
에 우리는 따로 나눠서 연습해야 했죠? 그러
는 덕분에 다른 다양한 스텝도 밟으면서 긴 길
을 지나왔습니다. 기억나나요? 스텝이 29개까
지 있었던 그 길들!

그런데 그 기둥에서 **3층사까지 만나는 순간?** 뜻은 전부 같은데 모양만 DOES/IS로 바뀌는 바람에 그 부분까지 적응해야 해서 아예 트랙을 따로 나눠서 연습했었죠? (기둥 05) 이땐 스텝 30개를 넘어왔습니다.
큰 고개들을 내리 정말 잘 넘겼습니다!

그렇게 **"우리는 할 수 있다! 그렇게 될 수 있다!"라고 가능성을 말하고 싶으면 무슨 기둥을 꺼내 썼죠?**
CAN 기둥. 기둥의 가장 기초 구조를 배울 때 유용한 기둥이었죠? (기둥 2)

CAN 기둥을 약하게 하려면 무슨 기둥?
COULD 기둥! (기둥 13)

그냥 공간에 뭔가 있다고 말할 때 사용하는 기둥은?
THERE 기둥이 있었죠.
우리말로 '거기에'라는 기둥이 아니라고 했습니다. '신은 있다. 축제 있어요' 식으로 '뭔가가 있다'고 할 때 꺼내 쓰면 유용했죠. (기둥 9)

스스로의 능력을 믿으세요! 게을러지지 마세요! 모든 기둥의 뿌리 기둥은?
바로 명령 기둥! (기둥 1)

누가 만들었는지는 궁금하지 않고,
어디서 만들어졌는지, 제대로 만들어지긴
했는지 그 상태만 궁금하다면?
BE + pp 기둥 쓰면 간단히 해결! (기둥 14)

이번엔 다른 쪽으로 가볼까요?
뭔가를 해야 하는 것에 대해 말하고 싶을 때!

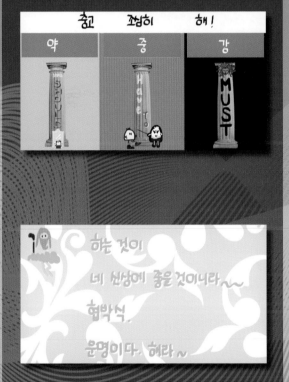

무조건 해야 한다고 말하는 강도가 센 기
둥은? MUST 기둥 (기둥 17)
해야 할 것 같은 의무가 느껴져서 하는
기둥은? HAVE TO 기둥 (기둥 16)
강도 더 내려서, 하면 좋을 것 같다고 말
할 때 사용하는 기둥은 바로?
SHOULD 기둥이었죠. (기둥 15)

그리고 운명이나 법률을 말할 때 쓰는 것!
내가 아닌 남을 카멜레온 자리에 넣어 말하면
완전히 고도로 강해져 일반 대화에서 상대적
으로 잘 들리지 않는 기둥인 SHALL 기둥까지
접했습니다. (스텝 17[11])

다 커버됐나요? 17개! 많이 했네요!
언제든지 헷갈리면 되돌아가서 복습하는 것을 망설이지 말라고 했죠?

그럼 이제 남은 기둥은 2개!
하나 하면 나머지는 자동으로 따라온다는 그 기둥! 마지막 기둥에서 늴리리야 놀며 가고 싶다면
이번 기둥에 집중하세요!
시작하겠습니다~

시중에 나와 있는 대다수 영어책을 보면 이번에
소개되는 이 기둥도 중반부 이전에 접하게 되는
것입니다.
하지만 우리가 이렇게 늦게 시작하는 데는 이유
가 있답니다. 예문부터 들어가보죠.

상황) 친구를 5년 만에 만났습니다.

어떻게 지냈어?

친구가 지금까지 어떻게 지냈는지 궁금해서 물어보는 거죠.
그냥 "How are you?" 하면 지금 어떠냐고 묻는 거잖아요.
그런데 5년 만에 만난 사람에게는 좀 더 크게 묻고 싶죠.
내가 궁금한 것은 '지금까지 어떻게 지냈느냐는 것'이죠. 그러면 '지난
5년도 어느 정도 포함'되어 있어야 하거든요.
그럼 과거도 포함해야 하니까 과거 기둥 꺼내서
"How were you?"라고 묻는다면?
이건 또 전에만 어땠는지 묻는 것이지, 지금이란 말은 들어가 있지 않죠?
지금 잘 지내든지 말든지 관심 없고 전에는 어땠느냐는 질문은 어울리지 않
잖아요.
그래서! 영어 기둥에서 선택권을 하나 더 줍니다. 그 기둥이 이번에 배우는
HAVE + pp 기둥이랍니다.
지금을 포함해서 지난 5년까지 다 커버해주는 기둥인 거죠. 머릿속에 타임
라인 그려지죠?

기둥 모양을 보면 이미 여러분이 다 아는 겁니다.

Have + pp

have라는 단어. do 동사로 이미 알죠?

가족이 있어요. = I have a family.

이렇게 I have~ 말하면 뭔가를 가지고 있는 거잖아요.

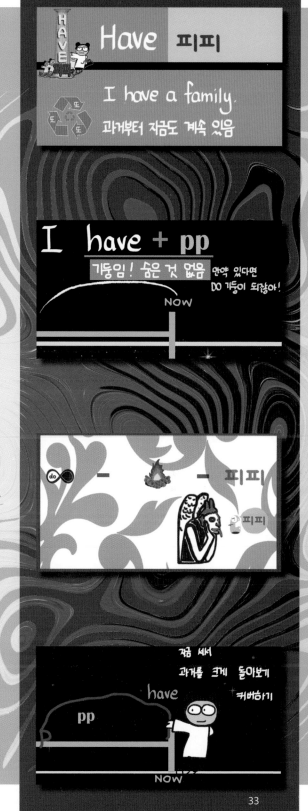

have라는 단어의 의미만 가져와서 이 기둥에서 제대로 재활용한답니다. 다행인 것은 이 녀석은 DO 기둥이 아닙니다! 숨어 있는 게 없어요! 당연한 거죠! 있다면 DO 기둥이 되어버리니 그럼 미래까지 타임라인을 다 커버하는 것이 되잖아요?

이번에 배우는 것은 지금부터 크게 과거 쪽만을 덮어버리는 HAVE + pp 기둥인 겁니다.

HAVE 말고 뒤에 pp는 이미 뭔지 알죠?

우리 BE + pp 기둥에서 배운 그 pp 맞습니다.

이때 pp는 '과거에 이미 누군가 했다'라는 것을 말할 때 썼잖아요. (기둥 14번)

이러니 '지금도 가지고 있다'는 have와 '과거에 이미 했다'는 pp 둘이 합쳐지면서 과거에 해서 지금까지 가지고 있다는 이 시간 프레임과 아주 잘 어울리는 거죠.

have = 가지고 있다. pp = 뭔가 과거에 일어났다.

타임라인에서 보면 과거인데 바로 지금 전까지 과거를 크게 덮은, 꽤 큰 기둥이죠?

이미 pp를 접했기 때문에 이 기둥에 익숙해지는 것은 어렵지 않을 겁니다. 그럼 먼저!
두비에서 do의 pp는 뭐였죠? done!
do - did - done! (스텝 14[02])
기둥이 아니라 두비의 변화였습니다.
그런데 잘 보니 BE + pp 기둥에서 우리는 be 쪽의 pp를 전혀 접해보지 않았죠?

지금까지 나올 필요가 없었기 때문입니다. 그 이유는 직접 머리를 굴려보면 답이 나오는데 그것은
중요하지 않으니 넘기고! 여러분이 중요하게 생각해야 할 건 드디어 접하는 이것!
두비에서 be 쪽의 pp, 이거죠!
뭘 것 같아요?
머리 굴려서 예상해보세요. 바로!

be에 [ㄴ] 받침을 넣어서 **been** [빈].
이때 e를 하나만 붙이면 발음이 [벤]이 되어버리니 e를 2개 붙여서 발음이 [빈~]이 됩니다.
그럼 예문에 바로 적용해보죠!

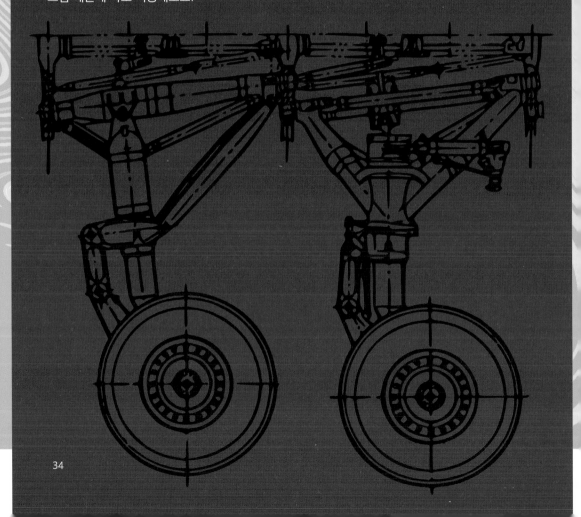

10년 만에 만난 친구에게 **"지금까지 어떻게 지냈어?"** 질문을 받았으니 답부터 같이 만들어보죠.
"잘 지냈지~~"
"I am good"은 "지금 잘 있어"니까
'전부터 지금까지 잘 있었어'라는 말을 전달하고 싶으면 HAVE + pp 구조대로
I have~ 말한 후 be의 pp를 넣어서,
"I have been good"이라 말하면 되는 겁니다.
지금까지 한 기둥들의 방식과 똑같습니다.
기둥이 HAVE + pp이니 기둥 자리에 맞게 집어넣은 후 나머지 그대로 내려오면 되는 거죠.
명령 기둥 **"Be good!"** 에서 HAVE + pp 기둥으로 간다면 pp자리에 be 대신 been을 넣고 나머지 good은 그대로 말하면 되는 거죠.

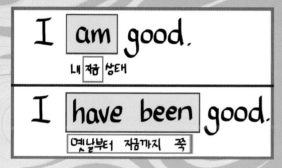

타임라인도 생각하면서 다시 해보죠.
"How are you?"라고 했을 때,
"I am fine"이라고 하는 것처럼,
과거부터 지금까지 fine 했다고 크게 커버할 거면
"I have been fine."

적응하면 될 것 같죠? 뻔한 레벨 하나 올려볼까요?
만들어보세요.

#A: 남편분은 아기랑 어떻게 하고 있어요?
> → How is your husband doing with the baby?

라고 했을 때 지금만 말하면,

#B: 아주 잘해요.
> → He is great!

그런데 살짝 다르게 말할 수도 있죠.

B: 아주 잘하고 있어요.

단순히 지금만이 아니라 과거를 크게 덮어서 지금까지 계속 great
라고 말하고 싶을 때 HAVE + pp 기둥 선택하면 됩니다.

대신! he잖아요. 3총사에서 have는 나올 수가 없습니다. 그래서
이 기둥에서도 똑같이 has로 가줍니다. 이미 익숙한 발음을 굳이
어색하게 만드는 것도 방지되고요. 말해보세요.

> ## → He has been great!

순간 바뀌는 것이 긴장되는 분들! 걱정 마세요.
have라는 단어만을 재활용해서 기둥으로 세운 것이지,
DO 기둥을 재활용한 것은 아니라고 했죠?
HAVE 자체가 기둥이기 때문에 숨겨져 있는 것 없이
그냥 HAVE + pp만 알면 됩니다.

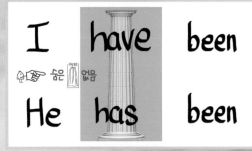

이제부터는 글 읽을 때 아는 have를 더 많이 만나겠죠?
"Have coffee!"처럼 do 동사의 have 있지,
HAVE TO 기둥의 have 있지,
HAVE + pp 기둥의 have 있지!
모양, 소리 완전히 똑같지만 다 서로 다르고, 다 다른 뜻으로 번역되는 have잖아요.

이 차이를 어떻게 구별할까요? 기둥 모양 보고 아는 겁니다. 단어만 보면 절대 알 수 없어요. HAVE + pp 같은 경우는 뒤에 pp가 따라붙어 있겠죠. 이래서 아는 만큼 보인다는 겁니다.

자, 계속 더 해보죠. 실제처럼 상상하면서 영어로 만들어보세요.

상황) 일로 인해 외국에서 오래 떨어져 지내다가 다시 만난 연인이 있습니다.

#보고 싶었어.

> '보고 싶다'는 단어는 miss, love처럼 두비 중에 do 쪽인 거 기억하죠? (스텝 04⁰⁴) <

DID 기둥 사용해서 "I ( ) missed you"라고 말하면 타임라인에서 '한때 보고 싶었다' 식으로 과거에서만 끝나는 겁니다.

하지만 '방금 만나기 전까지 계속 보고 싶었다' 해서

크게 과거를 덮어 지금까지 이어져오는 느낌을 주려면?

HAVE + pp가 잘 어울리겠죠? 계속 감이 잡히나요? 그럼 구조대로 만들어보세요!

#보고 싶었었어! (지금까지 쭉~)

→ I have missed you.

miss는 과거가 규칙이니 pp도 당연히 규칙! 그냥 [이드] 붙이면 됩니다.

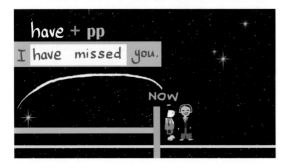

당연히 HAVE + pp 기둥도 자주 쓰이니까 말하기 편하게 묶었다 풀었다 합니다.

"I have missed you"를 묶으면 "I've missed you".

[아이브] 발음은 그냥 빨리 말하면 됩니다. 글로는 기둥을 묶은 것이 보여도 말할 때는 실제 거의 들리지도 않는답니다.

이 기둥은 HAVE도 들어가고 pp도 들어가니 괜히 말이 많아져 대다수가 그냥 묶어서 말합니다. 그러니 여러분도 지금부터는 묶어서도 만들어보세요.

보고싶었었어! I've missed you.

보면 쉬운데, 많은 분이 가장 헷갈려 하는 것이 바로 이 기둥입니다.

어떤 영어책이나 영어 강의를 보면
과거 기둥인 DID 기둥과 또 다른 과거 기둥인 HAVE + pp 기둥을 두고서 '실제 외국에 나가서
이 두 기둥을 잘못 바꿔 쓰니 사람들이 내 말을 못 알아듣더라' 하며 공포심을 조장합니다.

자신이 여러 번 DID 기둥으로 반복했는데도 못 알아듣더니 결국 HAVE + pp 기둥으로 말했더니
이해하더라 하는 이상한 '실화' 에피소드를 국내 영어 강의 영상에서 본 적이 있습니다.

실제 현실에서는 전혀 그렇지 않습니다.
영어 공부할 때 이렇게 '여러분이 하는 영어를 못 알아들을 것이다' 식으로 겁을 주는 방식은 피하
는 것이 상책입니다. 여러분의 자신감을 흔들리게 하는 방법은 항상 피하세요.

여러분이 직접 판단해보세요.
I've missed you. VS. I missed you.

들을 때 차이가 거의 나지도 않습니다. 기둥을 풀어서 "I have missed you"라고 해도 사람들은 어
린아이가 글 깨치듯 또박또박 말하지 않고 보통 말하는 속도로 쓱~ 말하기 때문에 이 have는 거의
들리지 않는 경우가 태반입니다. 차이가 느껴지지도 않는 거죠.

집중하세요!
실제 과거를 말할 때 많은 말들이 DID(WAS)나 HAVE + pp 둘 중 아무 기둥이나 골라 써도 상관없
을 때가 더 많답니다. 그러니 여러분은 이 두 과거 기둥의 차이점에 대해서 고민하지 않아도 됩니
다. 게다가 영국 영어와 미국 영어에서 HAVE + pp 기둥을 쓰는 룰이 또 다르거든요.

영국 영어의 HAVE + pp 룰이 더 까다롭습니다.
미국 영어는 룰이 좀 더 자유로워 영국에서 HAVE + pp로 써야 할 때도 미국은 그냥 DID/WAS 기
둥을 더 자주 사용한다고 합니다.

하지만 저도 영국뿐 아니라 미국 미디어들도 매일 접하는데 저런 기둥의 차이로 인해 문제가 된 적
은 한 번도 없었거든요. 바보가 아닌 이상 상황에서 다 보이기 때문입니다.
그럼 편하게 또 들어가죠.

문장 쌓기!

#나 저 여자애 알아요!

→ I know that girl.

DO 기둥 사용하죠? 아는 것은 전부터 알았고, 지금도 알고, 기억상실증이 걸리지 않는 이상 계속 알 거니까 DO 기둥이었습니다.

#나 쟤 오랫동안 알았어요.

'지금 현재 그 애를 알고 있다'에서 끝나는 것이 아니라, 지금부터 크게 과거를 덮어 전부터 계속 알고 있었고 그것이 현재까지 영향을 주고 있는 느낌으로 말하려면 타임라인에서 크게 과거를 덮는 기둥을 써주면 되겠죠. HAVE + pp 기둥!

I have~ know의 pp는 known, known her.

얼마 동안?

extra **오랫동안.**

'**오래**'라는 단어를 영어는 풀어쓰죠, a long time. 껌딱지 잘 씁니다. 뭐가 좋죠?

for를 붙이면 간단히 해결, for a long time! (스텝 08⁰²)

→ I've known her for a long time.

have잖아요. 과거가 현재까지 연결된 겁니다.

기둥 그림에 끈 보이죠? 지금까지 끌고 오는 겁니다. 지금까지 알고 있다는 메시지가 전달되는 거죠.

이 기둥을 국내에서 '문법적으로만' 바라본 이유 중 하나는 우리말에는 이 기둥이 정확하게 분류되어 있지 않기 때문입니다. 안 그래도 변형이 많은데 문법 용어를 빼고 설명하면 더 까다로워질 수 있는 거죠.

또 볼게요.
#나 못 가, 발목 삐었거든.
> ankle / sprain [스프*레인] <
I can't go~ 이유를 설명했죠?
Because I~ 좀 더 큰 과거 기둥으로 덮어서
발목은 전에 삐었지만, 그 삔 것이 현재까지
영향을 끼치고 있다. HAVE + pp가 어울리죠?
→ I can't go because I have
sprained my ankle.

이 말에 DID 기둥 쓴다고 달라지나요? 안 달
라집니다. 이미 "I can't go"에서 상대방은 다
이해했죠? 차이는 잘 들리지도 않고요. 그럼
마구 바꿔 써도 상관없는 것 아니냐고요? 들
리지도 않는 것 왜 하느냐고요?
자! 모든 문장에서 다 상관이 없을까요?

여러분이 보세요. 다음 문장.
"나 파리에 갔었어."
이 말을 DID 기둥으로 해서
I went to Paris. 이러면 그냥 과거에 '파리에
갔었구나'인데 이 말을 굳이 HAVE + pp 기둥
도 과거이니 그 기둥으로 한번 써봐야지 하면?
go의 pp는? 예상해보세요! [은] 붙여서 gone!

왜 갑자기 go랑 be처럼 못 보던 pp가 막 나
오느냐고요? 더 있는 것 아니냐고요? 걱정 마
세요.

자! "I went to Paris"를 HAVE + pp 기둥으로
만들어보세요. I have gone to Paris.
이건 말이 안 됩니다.
"I have gone"이라는 말 자체가 지금 말하는
내가 이곳에 없고 파리에 있어야 하는 겁니다.

41

"**My friend has gone to Las Vegas**"라고 하면 그 친구는 지금 라스베이거스에 가 있는 겁니다. 현재까지 영향을 주는 기둥이라고 했잖아요. 이렇게 pp가 불규칙일 때는 소리 때문에 얼렁뚱땅 넘길 수가 없어 확실히 차이가 나겠죠?

그냥 "I went to Paris" 하면 될 것을 굳이 "I've gone"이라고 하면 잘못 말한 티가 나는 겁니다. 그래도 못 알아들을 것까지는 아닙니다. 과거 기둥이 HAVE+pp 아니면 DID이니 상대가 알아서 머리를 굴립니다.

그런데 이 기둥을 한국식 문법 용어로 설명한 것을 보면 꼭 4가지 용법이 나옵니다. 그래서 정말 다양한 곳에 사용될 것처럼 보이고 다 외워야 할 것 같은 압박을 받게 되죠. 헷갈리니 시험에도 단골손님이어서 더 악화됩니다. '용법'이 다른 것을 고르라는 시험 문제는 우리말 '번역'에 집중하면 해결된답니다.

그럼 다음!

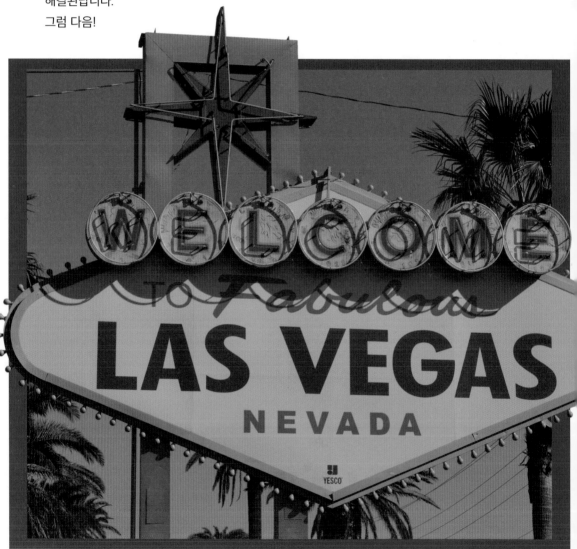

상황) 친구와 만나서 대화를 나눕니다. 친구가 이미 오랫동안 한 남자를 만나고 있었네요.
얼마나 사귀었느냐고 물어보니 이렇게 답합니다.

#7년 동안 함께 있었어.

어떻게 말했을까요? Hint. I am with him. 이러면 이 사람과 함께 있는 겁니다.

→ I've been with him for 7 years.

간단하죠?

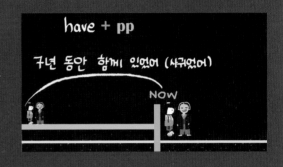

현재까지 영향을 준다, 현재까지 덮는 느낌.
모든 말을 다 HAVE + pp로 써야 할 필요는 없고
이렇게 잘 쓰이는 상황들을 접하면 되는 겁니다.
하나만 더 해보죠.

상황) 새로운 곳에서 생활을 시작한 지 벌써 1년
이 지났어요. 과거를 떠올립니다.

#와~ 나 친구들 많이 만들었네.

→ Wow~ I have made many friends.

→ I've made many friends.

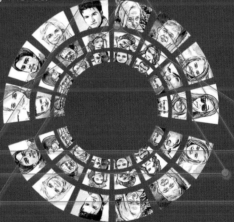

#전 이곳에서 5년 살았어요.

지금도 살고 있는 거죠. 과거를 크게 덮어서 5년 전에 살기 시작해서, 지금까지 그 lived가 연결되
어 있다.

→ I've lived here for five years.

이미지 잡히나요?

정리: 그냥 '지금 살고 있다'고 할 때는 간단하게 DO 기둥 써서 "I live here"면 되지만,
과거에 대해 물을 때 그 과거가 지금까지 연결된다면 과거부터 지금까지 크게 잡아서 HAVE + pp
기둥으로 말할 수 있습니다!
그럼 살짝 온 그 감이 탄탄해질 수 있게 연습장에서 자주 사용되는 상황으로 계속 익혀보세요.

상황) 외출했다 집에 들어왔는데, 접시가 깨져 있습니다.

#엄마: 뭐야?! 누군가 접시를 깼네! 누구였어?

break - broke - broken

.... What?! Somebody has broken the dish! Who was it?

#전 이 회사를 위해 10년을 넘게 일해왔습니다.

.... I've worked for this company for over 10 years.

#우리 서로 몇십 년 동안 알고 지냈어.

10년 단위: decade [데케이드] / know - knew - known

.... We've known each other for decades.

상황) 상대방이 저를 설득하려고 10분간 설교하는 중입니다.

#알았습니다! 충분히 말씀하셨습니다.

say - said

.... All right! You've said enough.

#저희 할머니가 지팡이를 잃어버리셨는데요.

cane / lose - lost

My grandmother has lost her cane. /

.... My grandma lost her cane.

#내 가방이 어디 있지? 에이~ 가방을 차에 놓고 왔네.

leave - left

Where is my bag? Oh no,

.... I've left it in the car. / I left it in the car.

#이제 다이어트한 지 2달 됐어.

on diet

.... I've been on a diet for 2 months now.

#A: 전 항상 외국어를 제대로 배우고 싶었어요.

foreign language [*포린 랭귀지]

I've always wanted to

.... learn a foreign language properly.

#B: 그러세요? 전 항상 악기를 연주하는 법을 배우고 싶었어요.

instrument [인스트*러먼트] / play

Yeah? I have always wanted to

.... learn how to play an instrument.

44

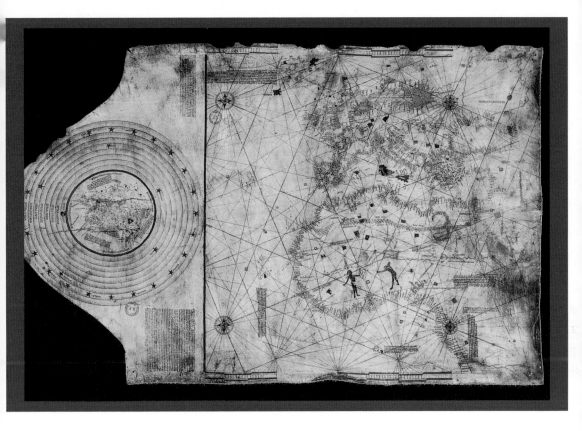

재미있는 기둥의 차이를 보여드릴게요.

#제 친구는 여행을 많이 했어요.

→ My friend has travelled a lot. 이렇게는 되지만,

#크리스토퍼 콜럼버스가 여행을 많이 했어요.

이 문장은 DID 기둥으로 써야 합니다.

→ Christopher Columbus travelled a lot.

왜냐? 이 사람은 죽었잖아요. 오래전에!

만약 HAVE + pp 기둥으로 쓰면?

아직도 살아 있다고 생각하고 말하는 거겠죠.

콜럼버스는 이탈리아에서 태어나 수많은 유럽인을 미국 대륙에 옮기는 데 큰 역할을 한 인물로 그 자신은 스페인에서 죽었답니다. 상식적으로 DID 기둥을 써야겠죠?

HAVE + pp 기둥 역시 스텝들 밟으면서 익숙해질 겁니다.

"I have been fine! I have known her for a long time!"처럼 뻔히 보이는 것에 익숙해지면 됩니다. 실전에서는 나오는 대로 말하고, 글 쓸 때는 좀 더 여유가 있으니 조심할 수 있겠죠?

그럼 지금 접한 것들에 단어만 쉽게 바꾸면서 계속 연습해보세요.

18 02
전치사 / 접속사

이번 스텝에서 배울 것은 이미 여러분이 한 번 정도 본 겁니다. HAVE + pp 기둥과 아주 잘 어울리는 껌딱지이자 리본!
껌딱지 뒤에는 명사만 붙지만 리본까지 같이 오면 기둥 문장이 다 붙을 수 있다는 것 알죠? before, after가 그랬습니다. 먼저 껌딱지부터 집중해서 연습해보죠.

음식점 간판이나 제품 포장지에
Since 1820, Since 1979로 쓰여 있는 것 본 적 있죠? 이번에 배울 껌딱지는 그 **since** [신스] 입니다. '그때 이래로 지금까지'라는 느낌이 있는 것이죠. 간단하게 껌딱지 하나로 '음식점 혹은 제품이 그때부터 지금까지 계속 존재하는 중이다'라고 말해주는 겁니다.

Since 1979.
1979년부터 시작해서 지금까지 있는 거죠.
과거부터 지금까지 한 방에 다 덮어버릴 수 있는 껌딱지니까 HAVE + pp 기둥과도 잘 어울리겠죠?
그럼 만들어볼까요?

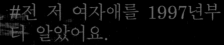

#전 저 여자애를 1997년부터 알았어요.

무슨 기둥? 과거부터 지금까지 아는 것을 말하니 HAVE + pp.

I have known that girl

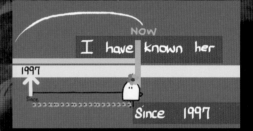

1997년부터. 껌딱지 사용법 알죠? since 1997

→ I've known that girl since 1997.

영어는 껌딱지를 단어 앞에 붙히죠?
Since 라는 껌딱지를 말하는 순간 위의 껌딱지 그림처럼 since부터 지금까지 쭉~ 이라는 이미지가 전달되는 것입니다.

그래서 since 1997 하면 1997년때부터 지금까지~ 가 머릿 속에 그려져야 하는 것이죠.

변형이 많은 우리말. 이 단어를 보통 '이후로'라고 잘 쓰지 굳이 '그때부터 지금까지'라는 말은 불필요해서 잘 안 씁니다. 하지만 since의 느낌은 그것이니 응용을 쉽게 하려면 그 느낌을 기억하는 것이 좋겠죠.

1997년부터 하는 것이니 그냥 from을 생각하는 분들! 문제는 없습니다. 대신 둘의 다른 느낌은 from의 경우 그냥 1997년부터라는 느낌만 전달되지, '지금까지 쭈욱~ 온다'는 메시지는 없습니다. 또한 from은 위치를 말할 때도 되지만, since의 경우는 '지금까지' 와야 하니 시간상에서만 움직이는 껌딱지랍니다. 직접 만들어서 비교해보세요.

상황) 아침인데 가게로 전화가 왔어요. 지금은 열지 않았으니 영업 시간만 말해줍니다.

#저희는 보통 3시부터 엽니다.

> → We ( ) usually open from 3.

이때 since를 쓰지는 않겠죠. since는 '과거부터 지금까지' 와야 하니 지금이라는 시간도 덮어야 하는 겁니다. 하지만 지금은 문을 닫았잖아요.

만약 이런 영어 문장을 '상황' 없이 우리말로만 설명했다면 헷갈릴 겁니다.
언어는 상황 속에서 생겨나는 거니까 항상 상황을 떠올리면서 말을 만들어야 해요.
다음 문장을 만들어보세요.

#저희는 2000년부터 함께 있었어요.

2000년도에 점 찍고 지금까지 계속 이어지는 거잖아요.
HAVE + pp 기둥이 어울리죠.
We have been together~

> extra 2000년부터 지금도 같이 있는 것이죠, since 2000.
> → We have been together since 2000.

다음 대화를 만들어보세요.

#A: 피곤하세요?

→ Are you tired?

#커피를 한 잔 더 마셔야 되지 않나요.

제안이죠. '내가 말한 것이 반은 맞을 수도 있고 아닐 수도 있고' 하면서 maybe를 붙이면 매우 약한 제안입니다.

→ Maybe you need to have one more coffee.

You should로 가면 약해도 충고예요. 제안과 충고는 다르죠?

#B: 그래야 될 것 같기도 해요.

간단하게!

→ Yes, maybe.

#제가 어제부터 지금까지 계속 (잠 안 자고) 깨어 있었거든요.

그때부터 일어나서 지금까지 계속 up 되어 있던 거죠.

→ I have been up since yesterday.

기둥과 껌딱지로 인해 '지금까지'라는 말도 필요 없는 겁니다.

이 말을 WAS 기둥으로 말하면 문제가 되냐고요? 다 알아듣습니다. 둘 다 과거이니 알아들을 수 있죠. 이 기둥은 너무 지켜야만 하는 룰로 보지 말고 편안한 마음으로!

외국어는 복잡하게 보는 순간 호랑이가 무서워하는 곶감이 되어버립니다. 별것도 아닌 레벨에서 진 빼는 것은 에너지 낭비입니다! 그럼 대화 계속 이어가죠.

#A: 정말 피곤하시겠네요!

강한 추측 기둥!

→ You must be really tired!

tire는 '피곤하게 하다'(스텝 08[13]),

'진이 빠져 지치게 하다'는

exhaust [이그*죠~스트]를 사용해보세요!

→ You must be exhausted!

#눈 좀 붙이세요.

메시지 전달!

→ Get some sleep! 잘 쓰는 말입니다.

→ Take a nap! 낮잠을 자라는 거죠.

→ You should get some sleep! 이렇게 말해도 되고요.

어? SHOULD는 충고라면서 왜 쓰느냐고요? 보세요. 명령 기둥도 '오래 사세요' 식의 말은 들어도 거부감이 들지 않죠. 이렇듯 건강을 생각해서 말해주는 SHOULD 기둥은 충고를 해도 거부감이 덜할 수밖에 없는 거죠.

"You should get some coffee"와 아무리 같은 기둥이어도 맥락이 다르니 당연히 전달되는 느낌도 다른 겁니다.

다음 대화를 만들어보세요.
#A: 우리 저기서 결혼식 할거야!
(확실하게 한다고 말할 때)
　　　→ We are having a wedding there!
#B: 언제?
　　　→ When?
이건 쉽죠? 그럼 다른 상황을 가보죠.

#A: 그 사람들 헤어졌어.
　　　→ They've broken up.
헤어지고 지금까지 만나지 않는 거죠. 또 잘 쓰는 말,
　　　→ They've split up.
#B: 언제부터?
　　　→ Since when?
이런 것은 다른 곳에서 혼자 접해도 이해될 것 같죠?

대본을 읽거나 자막을 볼 때 이런 것을 접하면 다시 그 느낌을 살려 감정도 실어 말해보고 단어를
바꿔 넣으면서 응용도 해보세요.

#언제부터?　　　Since when?　　　어제부터?　　　Since yesterday?
#지난주부터?　Since last week?　　7월부터?　　　Since July?

저도 여전히 새로운 것을 접할 때는 이렇게 다른 단어들을 넣어보면서 익힌답니다.
한번 다른 기둥과 섞어볼까요?

#A: 저 레스토랑은 문이 닫혀 있네

레스토랑을 떠올리고 지금 현재 닫은 상태를
말하는 거죠.
That restaurant is~
레스토랑이 움직여서 닫은 것이 아니라 사람
이 닫은 거죠. BE + pp 기둥으로 쓸 수 있죠,
closed.

→ That restaurant is closed.

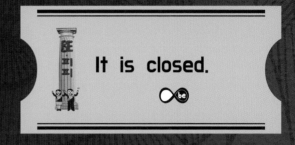

#B: 응, 화재 이후로는 문이 닫혀 있어

Yes~ 상태가 과거에 화재가 나서 문을 닫
았고, 그것이 지금까지 영향을 미치는 거죠.
HAVE + pp 기둥으로 가면 되는 겁니다.

→ Yes, it has been closed since
the fire.
쉽지 않죠? 기둥이 BE + pp에서 HAVE + pp
로 바뀐 겁니다.

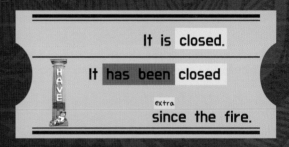

이번엔 기둥 묶어서 다시 한번 말해볼까요?
#B: 응, 화재 이후로 문이 닫혀 있어

→ Yes, it's been closed since the fire.
보세요! 확실히 모르고 이 문장을 보면 It is로 보일 것 같죠?

이래서 주어진 영어 문장을 그냥 외우는 것보다 직접 만들어가다 보면 문장을 훨씬 더 쉽게 파악할
줄 알게 되는 겁니다. 동시에 읽기도 좋아지게 되죠.
이런 과정은 영어를 하는 누구나 겪습니다.
그 과정을 쉽게 지나가기 위해서는 기본적인 19개의 기둥이 탄탄해야 한다는 것. 보이죠?

어? 벌써 19번 기둥까지 포함하느냐고요?
말씀드렸죠? 이 기둥 배우고 나면 19번 기둥은 자동입니다. 그래서 놀 거라고 했잖아요.
그럼 이제 연습장에서 껌딱지 since를 넣어보며 기둥도 탄탄해질 수 있게 연습하세요.

#내 친구 중 한 명은 2001년부터 중국에 살았어.
(지금도 살고 있음)

.... One of my friends has lived in China since 2001.

#Ronnie랑 난 어린 시절부터 친구였어.

childhood

.... Ronnie and I have been friends since childhood.

#스승: 내가 널 처음 봤을 땐, 넌 그저 길 잃은
꼬마였지.

lost kid

.... When I first saw you, you were just a lost kid.

#그 이후로 넌 매우 많은 것을 배웠어.

learn

.... You've learned so much since then.

#Adam은 4학년 때부터 걔(여) 사랑했어.
(지금도 사랑함)

grade

.... Adam has loved her since the 4th grade.

#우린 유치원 때부터 서로 알고 지냈는데.

kindergarten

.... We've known each other since kindergarten.

#911 이후로 많은 법이 바뀌었어요.

Hint: 911 사건. Nine-Eleven이라고 읽습니다.

laws / change

.... Many laws have changed since 911.

52

#6월 말부터 여기에 있었어.

.... I've been here since the end of June.

#우리 아들이 월요일부터 처져 있어요. 내 생각에
당신이 애랑 얘기해보는 게 좋을 것 같아요.
down

Our son has been down since Monday.

.... I think you should talk to him.

#A: 나 남자 친구 있어.

.... I have a boyfriend.

#B: 뭐! 언제부터?

....What! Since when?

---

since는 리본도 된다고 했죠? 뒤에 기둥 문장이 다 올 수 있습니다. 간단하니 만들어볼까요?

#A: 전 이 동네에 2000년부터 살았어요.

→ I have lived in this town since 2000.

그러자 옆집 사람이 말합니다.

#B: 전 저분(여)이 여기 사실 때부터 알고 지냈죠.

알고 있던 겁니다. 그때부터 지금까지 알았다.

I have known her~

> **extra** 언제부터? 살 때부터!
>
> 똑같이 그대로 말하면 되겠죠, since she has lived here.
>
> → I have known her since she has lived here.

별것 없죠?

그럼 since 다음에도 HAVE + pp 기둥이 와야 하느냐고요? 그런 것은 아닙니다. 어떤 말을 할지에 따르는 것이지 그렇게 하나의 룰로만 움직이지 않아요.

그럼 이제 since를 리본으로 사용해 기둥 문장을 묶어볼까요?

상황) 할머니 두 분이 말씀하십니다.

#A: 우리가 언제 만났느냐고?
→ When did we meet?

#어렸지.
지금은 안 어리죠? 과거 기둥!
→ We were young.

#B: 어렸을 때부터 난 애를 알고 지냈어. (지금까지 알고 지냈다는 거죠.)
I have known her~

extra   언제부터? 어렸을 때부터, since we were young.

지금까지 어린 건 아니잖아요. 그러니 WAS 기둥이 어울리는 거죠.
→ I have known her since we were young.

#저희는 여기 7년 전에 내려왔습니다.
→ We came down here 7 years ago.

#7년 되었네, 여기 내려온 지가.
→ It has been 7 years since we came down here.

기둥을 묶으면,
→ It's been 7 years since we came down here.

It은 시간을 말할 때 잘 쓰는 카멜레온이죠? 정확하게 지칭하는 것이 없어서 '가주어'라고도 한다고 했습니다. (스텝 03[15]) 이것처럼 '얼마쯤 시간이 지났다'라고 해서 "It has been few years"를 말할 때 보면 영국 영어와 미국 영어는 룰을 살짝 다르게 씁니다. 오히려 여기서는 영국 영어가 좀 더 룰에서 자유롭게 움직여 그냥 WAS 기둥으로 사용할 때도 있습니다.
다시 말해 '멋대로'가 온 사방에 있다는 거죠.

심호흡하고 옥스퍼드 출판사에서 나온
Michael Swan의 《Practical English Usage》책
에 나온 글귀를 봐보죠.
#The difference between
the present perfect and
the simple past is not always
very clear-cut.
앞에서부터 이미지로 번역!

The difference 차이점
between the present perfect
and the simple past 어디 사이?
present perfect(HAVE + pp 기둥의 문법 명칭)와
simple past(심플한 과거 WAS/DID 기둥의 명칭)의 사이
is not always very clear-cut.
아니다 — 항상 매우 투명하게 커트된 것이 아니다.

정확하게 분리된 것이 아니라는 겁니다. 이 말은 무조건 simple 한 과거로 가고, 저 말은 무조건
HAVE + pp인 큰 과거로 가라~ 할 수 없다는 거죠.
그러니 외국어로 배우는 우리는 어쩔까요?
그냥 나오는 대로 지르세요. 어차피 둘 다 과거 기둥. 너무 신경 쓰지 마세요. 아셨죠?

솔직히 모든 룰을 보면 저도 헷갈린답니다. 영국에서는 이런데 미국은 이것을 더 선호한다고? 영국
은 이러면 문법이 틀린 건데, 미국은 또 이건 괜찮다고 하네? 이런 정신없는 소리들을 자주 접하니
규칙의 미로에 빠진 느낌이 들죠. 노하우는 '배 째!' 이런 것이야말로 영어를 잘하기 위해서 익혀야
할 꼼수법입니다.

DID/WAS 기둥과 HAVE + pp 기둥의 차이를 구분 못 해 외국에서 대화하면서 문제 생겼던 적은
한 번도 없습니다. 그러니 모르면 그냥 지르세요. 대신 우리는 실전에서 나오는 영어를 접해보기 위
해 이번에는 영화 속 대사로 since를 접해봅시다. 만들어보세요.

#저 남자는 도덕적인 남자가 아니야.
> moral [모*럴]=도덕적인 <
　　　→ That man is not a moral man.
#너는 그것을 어렸을 때부터 알았었지.
　　　→ You have known that since you were young.
#그는 통치를 하면 안 돼.
> rule=통치하다, 다스리다 <
　　　→ He cannot rule.
#통치를 절대 해서는 안 돼.
　　　→ He must not rule.

어땠어요? 어렵지 않았죠? 영화 〈Gladiator〉에 나오는 대사랍니다.
또 다음 문장도 만들어보세요.

#저 남자는 아무것도 안 하고 너만 쳐다봤어, 우리가 도착한
이후로 계속.
> nothing / stare [스테어] <
　　　→ That man has done nothing but stare at you since we arrived.
영화 〈The Lord of the Rings(반지의 제왕)〉에 나오는 대사랍니다. 좀 더 볼까요?

상황) 나에게 늘 잘해준 분이 계세요.
#저에게 계속 잘해주셨어요, 제가 여기 온 이후로.
> good <
과거부터 지금까지 잘해줬던 거죠.
You have been good to me~
제가 여기 온 이후로 계속. since I came here.
→ You have been good to me since I came here.

이번에는 액세서리를 좀 더 붙여볼게요.
#저에게 항상 잘해주셨어요, 제가 여기 온 이후로.
always는 보통 기둥 뒤에 넣으면 간단하죠.
→ You have always been good to me since I came here.
기둥 구조가 2개로 이루어졌을 때는 앞에 것 뒤에 넣어야 더 자연스럽겠죠?
영화 〈The Godfather: Part II(대부 2탄)〉 대사랍니다.

지금 실전 영어 자료에서 since 리본을 3개 접했습니다. 별것 아니죠?
그럼 이제 비슷한 예문을 직접 만들면서 since에 익숙해지세요.

The Godfather: Part II (1974) [film]
Directed by F. Coppola

18 03

조동사 + have pp

SHOULD / MUST + HAVE PP

"I've done my work"라는 말을 "I did my work"라고 했다고
영어 하는 사람들이 못 알아듣지 않는다고 했죠?
실제 같은 상황에서 동일한 말을 할 때 영국은 HAVE + pp 기둥만 사용하는데
미국은 양쪽을 다 쓴다고 했습니다.

영국 영어와 미국 영어는 별반 다를 것 없다고 설명드렸죠. 다르게 쓰는 단어들이 손에
꼽힐 정도로 있긴 하지만 대부분은 서로 어떻게 달리 쓰는지 알고 있습니다.
가끔 '영국 영어와 미국 영어의 서로 다른 점'이란 주제로 TV show에서 퀴즈로 비교하며 나오
는 문장들은 '은어'나 특이한 음식 명칭이 대부분이랍니다.

그럼 학문적으로는 어떠냐고요?
여러분이 잘 아는 미국의 학자 중 《정의란 무엇인가》를 쓴 정치철학자 Michael Sandel
[마이클 샌델]은 박사학위를 영국 옥스퍼드 대학에서 받았습니다.
또한 서울대 도서관 대출도서 1위인 《총, 균, 쇠》를 쓴 미국 과학자 Jared Diamond
[제러드 다이아몬드] 역시 박사학위를 영국 케임브리지 대학에서 받았답니다.

미국인과 영국인은 학문적으로 서로 교류를 많이 합니다. American English나 British
English처럼 영어라는 언어 안에서 작은 문법 차이를 따지는 것은 중요치 않은 거죠.

총. 균. 쇠

그럼 'About Education'이라는 사이트에 소개된 영국과 미국의

HAVE + pp 기둥의 사용법 차이를 영어로 읽어보세요.

여러분 혼자 읽을 수 있습니다.

I've lost my key. Can you help me look for it?

In American English, the following is also possible:

I lost my key. Can you help me look for it?

미국에서는 DID 기둥으로도 가능하다고 하죠?

In British English the above would be considered incorrect.

영국 영어에서는 위의 것이 잘못된 것으로 고려될 거라 하죠?

이러니 외국인인 우리는 '올바른' 룰 하나만을 기억하려 애쓰지 않아도 된다는 거죠.

BE + 잉 기둥을 DO 기둥으로 말하면 문제가 생기지만

과거인 HAVE + pp 기둥을 다른 과거인 DID 기둥으로 말했다고 해서

큰 문제가 생기지는 않습니다.

아니! DID나 HAVE + pp가 그렇게 다르지 않다면 굳이 과거를 HAVE + pp 기둥처럼 헷갈리게 분류해주는 이유가 있느냐고요?

있습니다! 이 HAVE + pp 기둥이 제대로 빛을 발하는 상황은 따로 있거든요. 우리는 이것을 좀 일찍 접해서 HAVE + pp 기둥이 쓸데없지 않다는 것을 먼저 알아봅시다. 유용할 때는 아주 예쁘게 유용하답니다.
그럼 다음 대화를 영어로 먼저 만들어보세요!

상황) 오늘 달력을 보니, 엄마 생신이네요. 아내가 다시 알려줍니다.

#아내: 오늘 어머님 생신이셔.

> → Today is Mum's birthday.

영미권도 결혼하면 배우자의 부모를 칭할 때 Mum, Dad라고 부르는 경우도 많답니다.

> → Today is your mum's birthday.

#아침 식사 전에 전화드려!

해야 하는 것이니 그냥 명령 기둥으로 말해도 되겠죠.

> → Give her a call before breakfast.

#아침 식사 전에 전화드리는 게 좋을 거야.

이렇게 충고식으로 말할 때는 무슨 기둥이 좋을까요? SHOULD 기둥.

> → You should give her a call before breakfast.

남편이 전화하려다가 너무 이른 것 같아 나중으로 미룬 후에 싹~ 까먹었어요. 점심때 형에게서 전화가 옵니다.

#형: 야! 몇 시쯤 엄마한테 갈 거야?

> → Hey! What time are you going to Mum's?
> → Hey! What time are you gonna go to Mum's?

#남편: 완전 까먹었다! 엄마 한테 전화드리는 거!

→ I totally forgot to call her!

그냥 아침에 전화드렸어야 했는데!

자! SHOULD call을 아침에 했었어야 하는 거 죠? 잘 보세요.

아침에 SHOULD call을 했어야 하는 것은 '과거'에 그래야 했었다는 거잖아요.
그럼 SHOULD 기둥에 과거를 붙이고 싶은데, 어떻게 하죠? 기둥 뒤에는 무조건 기본 두비만 나올 수 있잖아요. called를 붙일 수가 없습니다. 여기까지 룰이 맞죠?

그러면 과거 기둥인데 기본 두비 모양처럼 생긴 기둥?
그것이 바로 HAVE + pp인 겁니다. 보세요.
HAVE가 do 동사 have랑 똑같이 생겼잖아요. 실제로 이 단어에서 재활용한 것이라 했죠.
생긴 것이 기본 do 동사 모양이니 이 두비 자리에 올 수 있는 거죠. 그렇게 해서 2개의 기둥이 엮일 수 있는 겁니다.

→ I should have called in the morning!

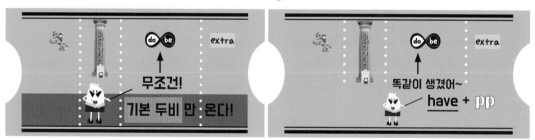

이렇게 말하면 '전화를 했었어야 했다'는 겁니다. SHOULD를 과거에 했었어야 하는데….
이해 가죠?
기본 기둥 구조의 룰을 두고 두비 자리에 다른 기둥이 들어가면서 기둥 엮는 것 해봤죠? 이것도 마찬가지입니다.
SHOULD 기둥을 과거로 보내고 싶을 때 유용한 기둥이 이 HAVE + pp가 되겠죠.

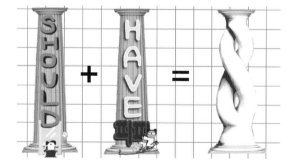

상황을 상상하면서 다시 말해보세요.

#오늘 아침에 전화했어야 했는데, 안 했어!
> → I should have called this morning, but I didn't!

여기서 called는 DID에서 온 게 아니라 다른 과거인 pp에서 왔다는 것. 이제 보이나요?
곧바로 하나만 더 만들어보세요!

#알람을 맞춰놨어야 했는데!
> set은 DID도 set이고 pp도 set. (스텝 08²¹) <

"해야 되는데! **지금 맞춰놔야 해!**"라고 하면
I should set the alarm!

과거에 그렇게 했었어야 했는데 안 했다고 하는 것은?
> → I should have set the alarm!

HAVE + pp가 정말 유용하게 쓰이죠?

해야 돼 🐌 I do be
I should set the alarm!

했었어야 했는데...(안 했음)
🐌 I do be
I should have set the alarm!
have + pp

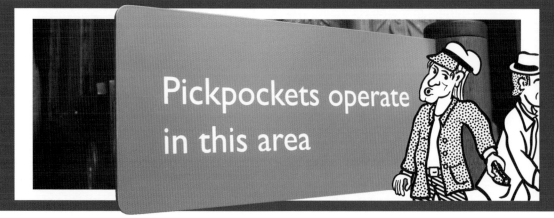

(Pointing with a finger)
Look! He is picking that guy's pocket!
(손가락으로 가리키면서)

> 봐봐! 쟤가 picking 하고 있어. 저 남자의 주머니를.

pick이 뭐였죠?

pick me up! Pick out the red one! 손으로 골라서 뽑아내는 행동이 pick. 그래서 **이쑤시개**를 toothpick이라고 합니다. 골라내는 거죠. pick a pocket 하면 주머니를 골라내고 있는 이미지가 그려지죠? 바로 소매치기하는 중인 겁니다. 그래서 **소매치기**를 'pickpocket'이라 한답니다. 관광객이 많은 도시에서 잘 보이는 문구가 하나 있죠?

Pickpockets operate in this area.

DO 기둥 문장이죠. operate 한다고 쓰여 있습니다. operate는 스텝 05[15]에서 배웠죠. 소매치기들이 이 지역에서 활동한다고 경고하는 겁니다.

내 지갑 도둑맞았어.

> wallet / steal - stolen <

무슨 기둥? BE + pp 기둥으로 쓰면 쉽게 전달되겠죠?

> My wallet got stolen.

일부러 is stolen 대신 got stolen으로 썼습니다. 멀쩡히 있는 상태에서 당한 거죠. '받았다'고 해서 got. is stolen이라고 해도 전혀 문제없습니다.

더 조심해야 되겠어.

> careful <

SHOULD 기둥으로 '스스로에게 ~하는 게 좋겠다', '그래야 되겠다'라고 말하는 거죠.

> I should be more careful.

그런데 며칠 뒤 또 도둑을 맞았습니다.
#뭐야? 나 지갑 또 도둑맞았어!
→ What? My wallet got stolen again!
#이게 2번째야!
→ This is the 2nd time!
#더 조심했었어야 했는데!
자! 지금은 더 이상 미래를 말하는 게 아니죠.
'지금부터 조심해야지'가 아니라, 과거에 더 조심했었어야 했는데! 과거로 가면 되는 겁니다.
→ I should have been more careful!
별것 없어요. 다시 비교해서 보죠.

#조심해야겠다!
→ I should be careful!
#조심했었어야 했는데!
→ I should have been careful!
두비 자리에 과거 HAVE 넣어주고 원래 들어갈 두비를 pp로 넣어준 것뿐입니다. 나머지는 다 그대로!

과거에 네가 조심했다고 하면 "I was careful!"이지만 "I should have been careful!"이라고 하면 그랬어야 했는데, 안 그랬다는 거죠? 복잡하게 생각하지 마세요. 단순하게 엮이는 것입니다. 그러면 연습장에서 문장 쌓고 비교하면서 천천히 익혀보세요.

연습

#우리 저분(여) 충고를 들어야 해.
(그게 좋을 거 같아.)
advice

....We should listen to her advice.
상황) 충고를 듣지 않았습니다. 그리고 망했습니다.
#우리가 그분(여) 충고를 들었어야 했어.

....We should have listened to her advice.

65

상황) 칠칠하지 못한 사람이 스스로에게 말합니다.
#내가 더 조심해야겠어. (그러는 것이 좋겠어.)
careful

.... I should be more careful.

#제 잘못입니다~. 제가 더 조심했어야 했는데. 죄송해요.
fault [*폴트]=잘못

It is my fault. I should have
.... been more careful. I'm sorry.

상황) DIY 가구를 구매했습니다. 남편이 조립하기 전에 아내가 말합니다.
#아내: 시작하기 전에 설명서를 읽지. (그게 좋을 텐데.)
start / directions[다이*렉션즈 / 디*렉션즈] / read

You should read the
.... directions before you start.

상황) 남편이 가구를 만들다가 고장 냈습니다. 옆에 있던 장모님이
다그칩니다.
#장모님: 시작하기 전에 설명서를 읽었어야지!
read - read [*레드]

You should have read [레드]
.... the directions before you started.

상황) 중요한 미팅에 같이 가자고 합니다.
#A: 나랑 함께 가자! (그게 좋을 거야!)

.... You should come with me.

상황) 같이 가지 않고 그 자리에 남았는데 사고가 났어요.
#B: 너랑 같이 갈 걸 그랬어.

.... I should have gone with you.

#엄마: 너 공부해야지. 내일이 시험이야.

.... You should study. Tomorrow is the exam.

상황) 성적표가 나왔어요.
#아들: 더 열심히 공부했었어야 했는데. 다음번에 더
잘할게요.

I should have studied harder.
.... I will do better the next time.

기둥들은 엮으면 더 다양한 말을 만들 수 있죠? '과거에 했었어야 했는데 못한 일'은 SHOULD 기둥으로만 움직이게 됩니다. HAVE TO는 HAD TO로 이미 사용되기 때문에 더 이상 사용하지 않습니다! (스텝 16⁰⁵) MUST 기둥은 강하니 과거에 했었어야 했다는 것과 어울리지 않아 사용하지 않습니다. 대신 MUST 기둥에 다른 것도 있잖아요! 바로 강한 추측! 이것 또한 제대로 엮인답니다. 해볼까요? 바로 다음 문장 들어가보죠.

#엄마 화났나 보다.
→ Mum must be angry.
'엄마가 무조건 화가 나야 한다'는 말이 아니라, '엄마가 분명 화가 나 있을 거다'라고 강하게 추측하는 거죠. '그렇게 추측할 수 있는 증거가 많다, 그러니 그럴 것이다, 무조건이다' 해서 MUST 기둥을 썼습니다.
이 말을 과거로 가지고 가볼까요?

#엄마는 지금은 괜찮으시지만 어제는 분명 화가 나 계셨을 거야.
Mum is fine now, but she~ 어제를 추측하는 겁니다.
must 하고 그냥 be angry를 붙이면 지금이잖아요. 과거로 가지고 가려면? WAS는 당연히 못 붙이죠? 기둥 뒤에는 두비만 오잖아요!
그래서 똑같이 HAVE + pp로 가는 거죠,
must have been angry yesterday.
→ Mum is fine now, but she must have been angry yesterday.

She must have been angry.
HAVE + pp로 엮는 순간 한번에 과거가 되는 겁니다. HAVE + pp 유용하죠? MUST 기둥과도 엮이면서 그 기둥을 곧바로 과거로 가지고 가잖아요.

또 해보죠.
상황) 안 좋은 뉴스가 있었는데 친구 표정을 보니 이미 이 소식을 알고 있어요.
#너도 들었구나.
확신을 가지고 추측하는데, 들은 것은 이미 그전에 들은 것이죠.
→ You must have heard too.

영어책에서 보면 MUST와 HAVE + pp 기둥이 섞인 것은 '~였음이 틀림없다'라고만 소개됩니다. 그런데 여러분도 이미 알다시피 우리말은 이렇게 한 가지만을 정해놓고 말하지 않거든요. 그래서 우리말로만 보면 정말 헷갈릴 수 있습니다.
너 들었어.
너 들었구나.
너 들었을 거야.
너 들었음이 틀림없어. 등등.
다 서로 너무 비슷하게 생겼죠. 모국어여서 너무 당연스레 바라봐서 더 잘 안 보인답니다. 그러니 영어를 하려면 영어 자체로 감을 키워야 더 수월해진다는 것 이젠 알죠?

별것 없습니다. 추측하는데, '지금 들은 것이 아니라 지금 이전에 들었다'고 추측하는 것뿐!
You must have heard!
너 들었구나!
이겁니다. 좀 더 해볼까요?

상황) 아침입니다.

#저분들 밤새웠겠다!

> stay up <

밤은 이미 끝났죠. 밤새운 것은 과거에 한 겁니다.

> → They must have stayed up all night.

#많이 피곤하시겠네!

지금 피곤한 거죠?

> → They must be tired!

MUST 하나만 가지고 타임라인에서 현재와 과거로 왔다 갔다 했죠? 간단한 겁니다. 더 만들어보죠.

#우리는 서로 오랫동안 알아왔어요.

옛날부터 지금까지 알아왔다는 것이니 큰 과거 기둥 써주면 어울리겠죠?

> → We have known each other for a long time.

#10년 이상은 된 것 같네요.

예측하는 겁니다.

> → It must have been over 10 years.

그냥 "It must be over 10 years" 하면 우리말로 "10년 이상이겠네요"가 되는 거죠. 과거는 포함되지 않은 겁니다. 다음 상황 가보죠.

상황) 엄마가 거실에서 소리칩니다. 언니가 말합니다.

#언니: 야! 엄마가 네 성적 봤나 보다!

> school grade <

> → Hey! Mum must have seen your school grade.

#엄마: 이거보다 더 잘했어야지!

> → You should have done better than this!

MUST와 SHOULD 기둥을 해봤는데, 어때요?

이제 한 단계 더 올라간 것 느껴지나요? MUST나 SHOULD에

HAVE + pp까지 엮이니 기둥 모양이 길어지죠.

이것도 잘 묶는답니다.

must have를 must've [머스터*브]

should have를 should've [슈드*브]

느낌 기억하면서 다시 만들어보세요. 서로의 차이점을 기억하면서 천천히 감을 키우세요.

#A: 그분 기분 나쁘셨겠다.
> upset <

　　　　→ He must have been upset!
　　　　→ He must've been upset!
#넌 아무 말도 하지 말았어야지!
이미 늦은 일이지만 그러지 말았어야 했다고 하는 거죠.
SHOULD에 부정 넣고 나머지 그대로 말하면 되는 겁니다.

　　　　→ You should not have said anything! 묶으면?
　　　　→ You shouldn't have said anything!
이 이상은 소리가 정체불명이 되니 안 묶게 됩니다.

이번 것은 문장 쌓기로 보죠.

#재미있게 놀아!

→ Have fun!

아들이 놀다 오더니 뻗었습니다.

#저 녀석 재미있게 놀았나 보네!

강하게 추측하는 거죠. 논 것은 아까웠죠?
과거랑 엮어서~

→ He must have had fun!

아하! He must **have had** fun!
나란히 가죠? 상관없습니다. 영어는 기둥의 구조대로 움직이니 같은 단어가 나란히 있는 것은 쉽게
접할 수 있다고 했죠? 하지만 똑같아 보여도 서로 다른 거잖아요. 앞의 HAVE는 기둥, 뒤에 had는
과거 DID가 아니라 두비 have의 pp인 거죠? 아는 만큼 보이는 겁니다.

저 말을 좀 더 수월하게 할 때는
He must've had fun! 거의 안 들리는 [*브] 발음.
들리지 않아도, 구조를 알기 때문에 MUST 기둥 뒤에 두비만 올 수 있다는 것을 알고 있으니
had 앞에 have가 있다는 것을 추측할 수 있는 거죠.

have + pp

재미있는 것!
must've를 빨리 말하면 [머스터*브]여서 실제 원어민들이 must of로 잘못 쓰는 경우가 많답니다.
이건 저명한 신문 기사에서도 발견되는 스펠링 에러입니다. 예상 밖이죠?

만약 must of나 should of를 발견한다면 이것은 must have나 should have,
다시 말해 HAVE pp 스펠링을 잘못 적은 것이라고 보면 됩니다.
결국 언어는 모어여서 습관이 되면 후에 교육을 받아도 습관적으로 틀리는 것은 잘 안 바뀌는 거죠.

다음을 만들어보세요.

뭔가 잘못되고 있어.
→ Something is going wrong.

뭔가 잘못되어가고 있었어.
→ Something was going wrong.

넌 뭔가 잘못되어가고 있다는 것을 알고 있었을 것 아니야!

당연히 알았을 것이라고 추측하는 거죠.

You must have known~

extra 뭘 알았었다고 하는 거죠? that
연결해서 기둥 문장 그대로 나오면 되죠, that
something was going wrong.
→ You must have known that
something was going wrong!

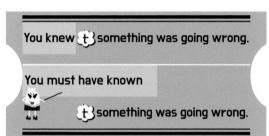

You knew 📧 something was going wrong.

You must have known

📧 something was going wrong.

If you are neutral on situations of injustice, you have chosen the side of the oppressor.

If you are neutral on situations of injustice,
당신이 [뉴트*럴]이라넌 / 상황에서 한 빈 더 들어가시 / [인지스디스] 상황에서 [뉴드*럴]이라면,
이러면 저 단어들을 찾아봐야겠죠?
당신이 중립이라면 / 부당한 상황에서 중립이라면,

you have chosen the side of the oppressor.
당신은 선택한 것입니다 / 편인데 / 한 번 더 들어가서 누구의 편? / 억압하는 자의 편.

부당한, 불평등한 상황에서 중립이라면, 그것은 억압하는 자의 편을 든 것이라고 하는 거죠.
마지막으로 하나만 더 하고 정리하죠.

A: 우리가 좀 더 잘 알았어야 했는데.
'이미 겪은 것인데 더 잘 알았어야지'라고 말하는 거죠.
→ We should have known better. / We should've known better.

B: 그랬었어야 했는데.
기둥을 줄여서 말한다면?
→ We should have. / We should've.

자! 이제 지금까지 익힌 것으로 카멜레온만 바꿔가면서 HAVE + pp의 유용함과 친해지세요. 천천히 말하면서 그 감을 같이 익히세요!

18⁰⁴

이번 스텝은 쉬운 것으로 접하죠. 만들어보세요.

동생이 혼자서 계약을 했습니다.

#누나: 엄마 아빠가 안 좋아하실걸.

→ Mum and Dad won't like this.

#동생: I know they are gonna be against this.

엄마 아빠가 그럴 거라는 것을 아는데,

against this, 이게 뭐예요?

against [어'게인스트]

새 껌딱지입니다.

지금 껌딱지가 몇 갠데 18번 기둥에까지 나오다뇨. 껌딱지는 작으면서도 영어에 엄청 유용한 것이었죠? 유용한 만큼 많이 있을수록 좋습니다. 어려운 것은 이미 초반에 다 했고 이것은 매우 쉽습니다.
against는 '반대하여, 맞서~' 느낌의 껌딱지입니다.

이미지로 상상해볼게요. 벽이 있고, 그 벽을 밀고 있습니다.
벽이 민다고 밀려지지 않죠. 서로 힘이 '대항'합니다.
이런 느낌의 껌딱지가 바로 against입니다.
좀 더 보죠.

#저 녀석이 밀고 있어.

→ He is pushing.

저 녀석이 벽을 밀고 있어.

벽을 상대로 미는데 그냥 the wall 하면 벽이 밀릴 수 있는 가능성이 같이 올 수 있습니다. 가벽은 밀리겠죠? 하지만 껌딱지 against를 붙이면 벽이 쉽게 움직이지 않을 것이라는 메시지가 전달되는 거죠.

→ He is pushing against the wall.

그럼, #Mum and Dad are gonna be against this.

엄마 아빠가 이것에 반대할 거라는 겁니다. 이쪽에서 미는데, 부모님이 반대로 밀면서 반대하는 거죠.
사용해보죠. 이미지 그린 후에 메시지 전달해보세요.

#캐비닛은 저기에 놔주시겠어요,

→ Could you please put the cabinet there,

#저 벽에 붙여서요?

on이라고 하면 가구를 공중에 붙여도 된다는 느낌이고
영어에서는 이럴 때

→ against that wall?

누군가의 대화를 '엿들으면서' 통역해보세요.
이런 것도 원맨쇼 연습에 좋답니다.

#A: 넌 그 녀석이랑 결혼 못 한다!
내가 허락을 안 할 거다!

> marry / allow <

→ You can't marry that guy! I won't allow it!

#B: 오, 이 결혼을 아버님이 반대하시네요.

단어 모른다고 멈추지 말고 무조건 메시지를 전달하세요!
간단하게 껌딱지를 사용하면 편해집니다.

→ Her father is against this marriage.

간단하죠? 영어는 두비에서 be 쪽으로 가면 더 간단하게 메시지 전달이 가능하다고 했습니다.

이번엔 번역 한번 해볼까요? 꼭 이미지로 상상하면서 앞에서부터 번역하세요.

#Gandhi first used nonviolence against British rule in South Africa ·and then applied his tactics to India.

Gandhi 읽어보세요. [간드히? 간드하이?] 간디를 말한답니다. 인도의 정신적, 정치적 지도자로 비폭력 시위운동을 이끈 인물이죠.

first used 그가 처음 사용했다. DID 기둥이네요.

nonviolence non이란 단어 보이죠? 난센스처럼 없을 때 단어 머리에 잘 붙습니다.
뒤에 violence [*바일런스]는 폭력. 다시 말해 비폭력.

against British rule 뭐에 반대하여? 영국 법, 영국 규칙, 영국 통치에 대항하여.

in South Africa 남아프리카에서

and then applied his tactics 그러고 나서 / applied DID 기둥 같죠? 이걸 했다죠. 그의 tactics를. 이럴 때 단어 찾기! 적용했다, 그의 전술을.

to India. 방향 들어가서, 인도에.

간디는 남아공에서 영국 법에 대항하여 비폭력을
처음 사용했고, 후에 그 전술을 인도에 적용시켰다.

against British rule
이미지를 그리면 British rule이 있고 그것에 대항
하는 거죠.
British rule을 '영국의 법, 규칙'이라고 읽다가
글의 맥락을 이해하면 '통치'라는 단어가 더 잘
어울린다는 것을 판단할 수 있게 되죠? rule
을 do 동사에 넣으면 '통치하다, 다스리다'라
는 뜻이 됩니다. 그러니 여기선 법보다 영국의
'통치'에 반대한다는 말이 더 잘 어울리는 번
역이겠죠.

간디는 영국에서 유학 후 귀국해서는
영국으로부터 인도를 독립시키기 위해
무저항 비폭력운동으로 투쟁한 인물로 유
명하죠?

간디

자, against 껌딱지로 예문 좀 더 해보죠.

#그거 하면 안 돼. 그거 여기서는 법에 어긋나.

불법이니 강하게 말해도 되겠죠?

> → You can't do that. / You mustn't do that.
> → That is against the law here.

'어긋나다' 뭔가 대단한 단어가 필요할 것 같지만 껌딱지로 간단하게 갈 수 있죠?

다음 상황) 국가 대항 축구 경기를 보려고 다들 모였습니다.

#A: 우리 누구랑 붙는 거야? 우리 누구랑 싸워?

메시지 전달! 우리는 '싸우다, 붙는다'고 하지만 영어는 play로 가면서 껌딱지를 붙이면 됩니다.

> → Who are we playing against?

#B: 멕시코랑 싸워.

> → We are playing against Mexi-
> co.

"Who are we playing with?" 하면 같이
'노는' 것이 되지만, 서로 이기기 위해 play 할
때는 "Who are we playing against?" 식으로
against 껌딱지가 더 잘 어울리겠죠?
다음 대화를 같이 보죠.

Are we playing against them?

Who are we playing against ?

#A: 이거 나 좋으라고 (날 위해) 있는 거야?

> → Is this supposed to be for me? (스텝 14[19])

'원래 이러려고 하는 것이냐' 식이죠.

#장난해? 이건 나한테 불리하게 작용될 거라고!

Are you kidding? 다음에
This will~ **'작용하다'** 메시지 전달, work against me!

'작용하다' 같은 단어를 보면 뭔가 특정한 단어를 찾고 싶어지죠?
단어 모를 때마다 멈추지 말고 아는 단어로 메시지를 전달해야 합니다.
사전에서 '작용하다'를 찾아볼까요?
act, work. 이 두 단어 나옵니다. 정말 별것 없죠?
act는 '연기하다'에서 오는 단어잖아요.

영어는 외국어입니다. 그렇죠?
물건이 아닌 이상 항상 '사과 = apple'처럼 똑같이
떨어지지 않는다는 점. 우리는 이제 많이 익혔죠?

연습

#3학년 학생들이 선생님들을 상대로 축구를 하고
있었어요.

The third year students were playing
.... football against the teachers.

상황) 제우스한테 말합니다.
#너 너희 아버지를 상대로 반란하는 거야! 알고 있지?
(그렇지?)
rebel [*레블]=반란을 일으키다, 저항하다

You are rebelling against your father!
.... You know that, right?

상황) 경찰이 범인에게 소리칩니다.
#경찰: 손 들어! 벽에 대고 서!

.... Put your hands up! Stand against the wall!

#저 경찰이 저를 차에 밀쳤어요!
officer [오*피서]=경찰 / push

.... That officer pushed me against (to) the car!

#당신이 세계에서 가장 영향력 있는 남자를 상대로
전쟁을 선포했어.
Hint: 전쟁은 선포하면 끝날 때까지 영향이 있겠죠? 무슨 기둥이 좋을까요?
powerful=영향력 있는 / war / declare [디'클레어]=선언하다

You've declared war against the
.... most powerful man in the world.

#그건 규칙들에 어긋나.
rules

.... That is against the rules.

77

#부패에 맞서 일어나세요!

corruption [커'*럽션]=부패 / stand up

.... Stand up against corruption!

상황) 배신을 한 사람에게 왜 배신했는지 물었습니다.

#총이 내 머리에 눌려져 있었다고!

Hint: 총이 누른 게 아니죠? / gun / press=누르다

.... A gun was pressed against my head!

#내가 어떻게 했어야 했는데?!

Hint: supposed to 사용해보세요. 대신 조심! '어떻게'라고 해서 how
아니죠? 뭘 했어야 했는지 물어보는 겁니다.

.... What was I supposed to do?!

#Are you for or against the proposal?

영어는 항상 이미지로 그려보세요.
[프*로포절]을 위해서 있는 거냐, 그것에 대항하여
있는 거냐? 이럴 땐 proposal의 뜻을 알아야겠죠?

결혼 프러포즈에만 국한되지 않고
뭔가 상대방에게 제안하는 것도 proposal.
우리말로는 제안에 찬성이야, 반대야?
Are you for or against the proposal?

다음 말들은 가이드의 껌딱지와 비교해보세요.

#낙태에 대해서 어떻게 생각하십니까?

> abortion [어'보~션] <

→ What do you think about abortion?

#낙태에 대한 여러분의 의견은 무엇입니까?

> opinion [오'피니언] <

→ What is your opinion on abortion?

#낙태에 찬성이십니까, 반대이십니까?

→ Are you for or against abortion?

이번에는 기둥과 섞어보죠.

상황) 아는 형에게 내 사업에 투자하라고 설득 중입니다.

#나: 너무 빨리 묵살하지 말고!

> quick / dismiss=묵살하다 <

명령 기둥이죠?

→ Don't dismiss it too quickly!

#1분 동안만 고려해봐.

> consider [컨씨더]=고려하다 <

→ Just consider it for a minute.

그러자 형이 말합니다.

#형: 내가 말한 거 못 들었어?

이미 말했는데 못 들었느냐니까 DID 기둥이죠.

→ Didn't you hear what I said?

#난 찬성이라니까, 반대가 아니라.

현재 찬성이죠! be 기둥 쪽으로!

→ I am for it, not against it.

#나: 아! 정말? 그렇게 빨리?

→ Ah! Really? That fast?

#더 안 들어도 돼?

그럴 필요 없느냐는 겁니다.

→ You don't need to hear any more?

번역 한번 해볼까요?

#An injection against rabies
[인'젝션]인데 뭐에 대항해서? / [라비즈 어쩌구?]에 대항해서. 이러면 사전 열어봐야겠죠?
injection은 주사, rabies [*레이비즈]는 광견병.
'광견병 예방 주사'를 검색하면 저렇게 나온답니다.

하지만 실제로는 injection보다 vaccination [*박씨'네이션]을 더 잘 씁니다.
vaccination은 바로 백신, 예방접종. 동사는 vaccinate.

#Dogs need to be vaccinated against rabies.
무슨 기둥? DO 기둥이죠.
개들이 / 필요하다 / to be vaccinated: BE + pp죠? TO 다리로 엮었죠?
vaccinate 될 필요가 있다는 겁니다. / 광견병에 대항하는 vaccinate를 받아야 한다.

vaccine '백신' — 전 백신이 우리말인 줄 알았답니다. 우리말로는 '예방접종'이라는 뜻이죠.
세계 첫 백신인 천연두 백신의 개척자였던 영국 과학자 Edward Jenner가 라틴어로 '소'를 뜻하는
단어 vacca를 차용하기 시작했다고 합니다. '면역학의 아버지'로 불리는 그의 업적은 인류의 그 어
떤 인물보다 가장 많은 사람의 목숨을 구했다고 칭송됩니다. 그래서인지 저온 살균법, 광견병, 닭
콜레라 등 2세대 예방접종을 만든 프랑스 과학자 Louis Pasteur [루이 파스퇴르]가 '예방접종'이란
단어를 vacca 명칭을 딴 vaccine으로 명명. 지금까지 사용되는 거죠.
이제는 스마트폰의 바이러스 백신에까지 같은 단어가 사용되죠?

위의 문장으로 영어에서 잘 쓰이는 문장 형식을 만들어보세요.
#어떤 개들이 광견병 예방 주사를 맞을 필요가 있나요?
→ Which dogs need to be vaccinated against rabies?
vaccinate가 pp로 잘 사용되죠?

그럼 against 문장 하나만 더 접하고 정리하죠. 이미지 그리면서 읽어보세요.
상황) 배트맨이 사냥개들에게 공격당한 후 수트를 업그레이드했습니다. 새 수트를 보며 개발자한
테 물어봅니다.

#Batman: How will this hold up against big dogs?
어떻게 이것이 hold up? 잡아줄 거냐?

큰 개를 상대로?

큰 개를 상대로 이것이 어떻게 견디겠느냐? 잘 버티겠느냐? 묻는 겁니다.

#개발자: It should do fine against cats.
잘되어야 할 거다 / 고양이를 상대로는.

고양이? 큰 개들을 상대로 걱정하는데 고양이라니?

큰 고양이들! 호랑이, 사자, 표범, 치타 등을 말합니다. 영어에서는 이들도 cats라고 종종 한답니다.

against는 어렵지 않죠? 대치하는 느낌, 대항하는 느낌을 기억하면 됩니다. 그럼 예문과 비슷한
상황으로 기둥 바꾸면서 연습해보세요!

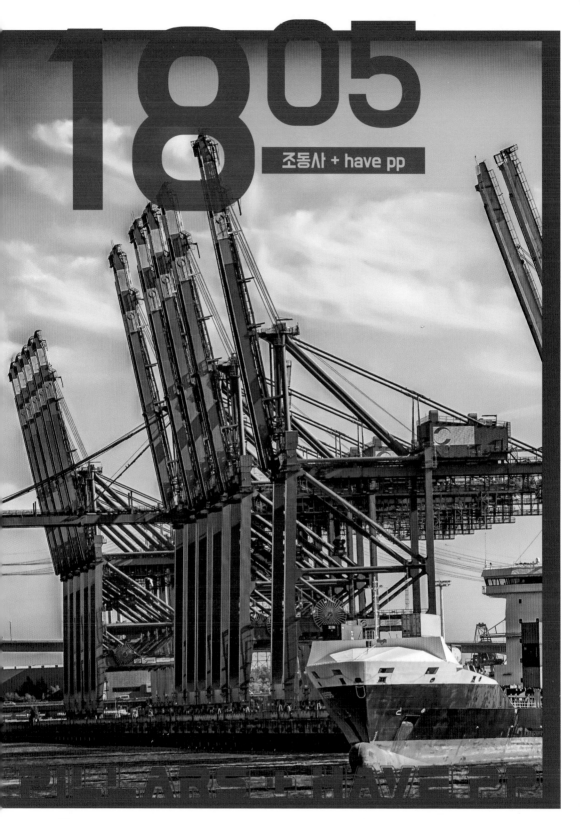

18 05

조동사 + have pp

응용이란 지금까지 익힌 것을 토대로 전혀 배우지 않은 것도 스스로 생각해서 알아내는 것을 포함하죠?

다음은 영화 대본입니다. 읽어보세요.

#You've lost it! I can't believe it! It could have been mine!

번역할 때는 기둥 먼저 찾으세요! 그래야 실수가 줄어듭니다.

HAVE + pp 기둥. 너가 잃어버렸어!

CAN 기둥. 믿을 수가 없어!

COULD 기둥? 뒤에 have + pp 또 보이나요?

우리 안 배운 건데, 뭘 뜻할까요?

엮인 것을 뭔가 대단한 것처럼 바라보면 오히려 더 헤매게 됩니다.

You've lost it!

I can't believe it!

It could have been mine!

COULD + HAVE + pp

기둥이 엮인 것이죠. 이미 SHOULD나 MUST 기둥이 HAVE + pp와 엮이는 것을 배웠잖아요.
이 두 기둥이 엮이는 이유가 뭐였죠? 기둥을 과거로 가지고 가기 위해서죠.
거기서 더 키우는 겁니다. 배운 것을 바탕으로 직접 그다음을 응용해보세요.

It could be mine!
내 것일 수 있어!

It could have been mine!
내 것일 수도 있었는데, 그럴 가능성이 있었는데 결국 내 것이 못 되었다고 하는 겁니다.
우리말로는 "내 것일 수 있었는데!"가 되겠죠.

어렵지 않죠? 이렇게 새로운 것을 배웠으면 그 자리에서 단어만 바꿔서 또 만들어보세요.

#모든 것이 내 것일 수 있었는데!

단순히 말만 보고 번역하려 하지 말고 다시 한번 이미지로 상상하라고 했죠? 모든 것을 앞에 두고 후회하며 하는 말입니다.

> → Everything could have been mine!

할 수 있었던 것을 후회하는 느낌이죠.
단어 바꿔서 또 만들어보세요.

#내가 그 아이를 구해줄 수 있었을 텐데.

> kid / save <

못 구한 거죠?

> → I could have saved the kid.

저도 새로운 것을 배울 때 여전히 이렇게 연습합니다. 그 자리에서 굳이 글로 쓰지 않고 단어만 바꿔치기해서 상황을 상상하고 말하며 연습하는 거죠.

또 해볼까요?

#There's nothing you could have done!

THERE 기둥이죠. '뭐가 있다'는 기둥인데 nothing, 아무것도 없었대요. 그리고 기둥 문장 you could가 곧바로 나오니까 열차 연결이죠.
아무것도 없는데, '네가 할 수 있었던 것이 아무것도 없었다'고 하는 겁니다.

네가 할 수 있었던 것이 아무것도 없었다.

우리말은 '네가 할 수 있었던 것'으로 시작하는데 영어는 "There was nothing!" 하면서 nothing을 먼저 강조하죠? 영어는 중요하다고 생각하는 것을 먼저 말하잖아요. There was nothing! 그런데 정말 아무것도 없던 것이 아니라, '네가 할 수 있었던 것들'이 아무것도 없었으니 한 번 더 설명을 해주는 거죠. 또 단어 바꿔서 원맨쇼로 연기하듯 말해보세요.

#A: 우리가 할 수 있었던 것이라고는
아무것도 없었어!
→ There was nothing we could have done!
#B: 아니야, 그렇지 않아. (사실이 아니야.)
→ No, that's not true.
#넌 이것을 할 수 있었을 테고,
난 저것을 할 수 있었을 거야.
→ You could have done this, and I could have done that.

원맨쇼인데 A랑 B 양쪽을 다 하느냐고요? 이것도 도움이 많이 된답니다. 외국어는 환경이 주요 요소라고 했잖아요. 또 초반에는 나와 영어 수준이 비슷한 사람과 대화하는 것이 큰 도움이 됩니다. 그러니 스스로 그 환경을 만드는 거죠. 조금의 상상력을 발휘하면 쉽습니다. 이렇게 새로운 문장 구조를 배울 때 곧바로 다시 단어들만 바꾸면서 말해보는 습관을 자꾸 들이세요. 그러면 훨씬 더 빨리 자기 것이 됩니다. 혼자서도 말하기 연습을 할 때 주제를 정해두는 것이 좋답니다. 두루뭉술한 주제 말고, 구체적인 주제를 세팅 하는 것이죠.

'옛 애인'이라는 주제를 잡으면 묘사하는 단어들이 나올 수밖에 없을 것 이고, 현재 고민하는 일을 말한다면 충고를 하는 기둥들부터 제안을 위해 일부러 약하게 하는 기둥들까지 나오겠죠. 주제를 과거로 잡느냐, 미래로 잡느냐에 따라 기둥이 달라질 것이고, 과거에 하려 했는데 못 해서 후회하거나 안도한 일을 주제로 잡는다면 COULD, SHOULD, MUST 기둥에 HAVE + pp가 엮이는 것이 등장할 수밖에 없겠죠?

그럼 계속 진행해보죠.
상황) 누군가 갑자기 나타났습니다.
#왜 전화 안 했어?
내가 뭐라도 준비할 수 있었을 텐데!
> prepare <
→ Why didn't you call? I could have prepared something!
COULD가 HAVE + pp와 엮이는 것은 이제 알겠죠?
그럼 다른 기둥과도 바로 엮일 수 있을까요?

만들어보세요.

#그건 무의미해!

> pointless [포인틀러스] <

→ That is pointless.

#그건 무의미할 거야.

→ That will be pointless.

여기까지 잘 나오나요?

자, 이것을 과거로 바꿔보죠.

그냥 "That was pointless"라고 하면

"무의미했었어"라고 말하는 거죠.

#그건 무의미했었을 거야.

이렇게 말하려면?

→ That would have been pointless.

WOULD에 HAVE + pp를 엮은 겁니다.

COULD와 똑같은 방식이죠. 과거에 일어나지

않은 미래를 생각하는 거죠.

HAVE + pp는 원래 있는 기둥을 과거로 가져

가주는 것뿐이에요. 좀 더 해볼까요?

상황) 전화가 울립니다.

#A: 나 바쁘니까 네가 좀 받

아줄 수 있어?

→ I am busy, could you answer it for me?

#내 친구일 수도 있어.

→ It could be my friend. 이렇게도 되고,

→ It might be my friend. 이렇게도 되겠죠.

MIGHT 기둥이면 확신이 반밖에 없다고 말하

는 거잖아요.

받았는데 연결이 좋지 않아 끊깁니다.

#B: 연결이 안 좋았어.

> connection [커넥션] <

→ The connection wasn't good.

#그럼 네 친구였을 수도 있겠

네.

→ Then it might(could) have been your

friend.

#네 친구 북극인가 어디 갔다

고 하지 않았어?

> North pole <

→ Didn't you say your friend went to

North pole or something?

	That was	pointless.
	That would **have been** pointless.	

	It might	be him.
	It might **have been** him.	

어떤가요? 다 배운 기둥을 HAVE + pp로 엮은 것뿐입니다. 기본 기둥을
탄탄히 하면 그리 복잡하지 않을 겁니다. 다음 대화를 만들어보세요.

#A: 좀 더 일찍 나한테 물어봤었어야지.
(지금은 늦은 겁니다.)
→ You should have asked me earlier.
#내가 도와줄 수 있었을 텐데.
과거에 내가 해줄 수 있었을 텐데. "I could help you"는 '도와줄 수 있을
거예요' 식으로 CAN 기둥이 약해진 것뿐입니다. 결국 못 한 것이니까,
→ I could have helped you.
#아니면 쟤(남)가 도왔을 수도 있었을 텐데.
확실하진 않지만 잘하면 그랬을 수도 있다! MIGHT 기둥으로 엮는다면?
→ Or he might have helped you.

답해보죠. NOT 위치 헷갈리지 마세요!
#B: 아니, 넌 나 안 도와줬을 거야,
→ No, you wouldn't have helped me,
#너는 내가 하려는 일을 내키지 않아 했을 거
거든.
> approve [어'프루*브] <
→ because you wouldn't have approved it.

별것 없죠? 이미 아는 기둥들을 과거로 가져가기 위해 HAVE + pp로 엮
어준 것뿐입니다. 대부분 pp는 규칙적이니 솔직히 발음상으로는 그리 크
게 변하진 않은 거죠.
그럼 이제 연습장에서 천천히 기둥들을 직접 엮어보세요.

#저 마지막 기회가 모든 걸 바꿨을 수도 있었을 텐데.
chance

That last chance could
.... have changed everything.

#너무 조용해서 핀이 떨어지는 소리도 들렸을 거야.
Hint: I can hear him sing. / quiet / pin / drop / hear

It was so quiet you could
.... have heard a pin drop.

상황) 사적인 보고서를 시킨 사장이 결과물을 보고 말합니다.
#사장: 이게 다인가? 자네가 이것보다는 더 잘했었을
수도 있었을 텐데.

Is this everything? You could
.... have done it better than this.

#직원: 사장님이야말로 제게 시간을 더 주셨을 수도
있었을 텐데 말이죠.
give - given

.... YOU could have given me more time.

#사장: 음(hmm), 난 이 부분은 다르게 했었을 텐데.
part / different

Hmm, I would have
.... done this part differently.

#직원: '그러면 스스로 하셨어야죠.'

.... 'Then you should have done it yourself.'

#거기에 왜 올라갔어? 뭔 생각을 했었던 거야? 너
다쳤을 수도 있었다고!
hurt - hurt

Why did you go up there? What were
.... you thinking? You could have been hurt!

상황) 언론의 공격을 받고 있는 아버지가 자녀들에게 말합니다.

#아빠: 너희들이 언론에서 아빠에 관한 것들을 들었거나 읽었을 수도 있을 텐데.

media / hear - heard / read - read

You might have heard or read
.... things on the media about me.

#딸: 괜찮아요, 아빠. 우린 익숙해요. 어차피 믿지도 않는데요.

believe

It's okay, dad. We are used to it. (스텝 14[1])
.... We don't believe them anyway.

#너 노선을 잘못 탔어! 고속도로를 탔어야지! 그럼 여기 더 일찍 도착했을 텐데.

wrong route [*루트] / motorway / take - taken / arrive

You have taken the wrong route!
You should have taken the motorway!
.... Then you would have got here earlier.

#A: 왜 화났어? 네가 나한테 전화하지 말라고 했잖아.

.... Why are you angry? You told me not to call you.

#B: 그래. 내가 그 말을 했을 수도 있었을 거야. 내가 너무 화가 나서 무슨 말을 하고 있었는지 몰랐어.

say / angry

Yes, I might have said that. I was so angry
.... that I didn't know what I was saying.

그럼 마지막으로 번역해보죠. 지금까지 배운 것을 응용해서 무슨 뜻인지 읽어보세요.

#What if the cure for cancer is trapped inside the mind of someone who can't afford an education?

문장은 무조건 앞에서부터! 기둥 찾고 자르세요!

What if the cure for cancer is trapped inside the mind of someone who can't afford an education?

What if/the cure/for cancer/is trapped/

inside/the mind/of someone/who

can't afford/an education?

What if 만약 그러면 어쩔 거냐? 배웠죠? (스텝 13^04) 뭐가 그러면?

the cure / for cancer / is trapped BE + pp 기둥. is trapped, 뒤에 [이드]로 끝났죠? [큐어] / cancer를 위한 큐어. cancer는 암 / 암을 위한 큐어의 상태가 trap 되었다? 이럴 땐 단어를 찾아봐야겠죠.

cure = 치유, trap은 명사로는 '함정, 덫', do 동사로는 '가두다'입니다.

BE + pp로 쓰였으니 갇힌 거죠. 뭐가? 암을 치료하는 치유법이.

다시 말해 암 치료법이 갇혀 있으면 어떻게 할 것인가?

inside / the mind / of someone 아직 다 안 끝났죠? inside, 안에 갇혀 있대요. 어디 안에? 마음, 정신 안에 한 번 더 들어가서, 누군가의 정신 속에 갇혀 있으면 어떻게 하나?

who / can't / afford / an education?

그 누군가가, 열차로 연결했죠, afford를 할 수 없대요. 위치를 보면 afford는 do 동사죠?

"I can't afford this"라고 하면 이것을 살 수가 없는 겁니다.

그럴 금전적 여유가 없는 것이죠.

"I can't afford education"이라고 하면? 교육비가 비싸서 교육을 받을 수가 없는 거죠.

어느 정도 메시지 전달이 되셨나요? 그러면 영어로 천천히 다시 읽어보세요.

만약 그렇다면 어쩔 것이냐? 암 치료법이 교육비를 낼 여유가 없는 사람의 정신 속에 갇혀 있으면 어떻게 할 것이냐? 이런 뜻입니다.

교육이란 결국 세상을 더 좋게 만들기 위해 인재를 키우는 것인데, 시스템에 따른 단순한 돈 문제 때문에 인류에 더 중요하고 큰 것을 놓친다면 우리가 제대로 된 길을 가고 있는 것이냐? 이런 말이겠죠.

백신(예방접종)으로 인해 다양한 병들이 사라졌듯 암 치유법을 찾아내기 위한 노력 또한 치열합니다. 그래서 서양에서는 암 치유법과 관련된 직종을 대접해준답니다.
저 문장을 이해하기가 어땠나요? 다양하게 섞이고 엮여 있지만 풀어서 분해하면 감당할 수 있는 구조죠? 잘하셨습니다. 번역은 항상 이렇게 하면 됩니다.

그럼 쉬운 단어로 기둥 엮는 것을 만들면서 많이 연습해보세요!

18 06

NOT / YN Q

이번에는 조금 편하게 HAVE + pp에 접근해보죠.

상황) 본인이 살고 있는 집 앞에서 말합니다.

저 여기 살아요. vs. 저 여기 11년 살았어요.

"저 여기 살아요"는 DO 기둥인데,

"저 여기 11년 살았어요"라는 말은 더 이상 살고 있지 않다는 말인가요? 아니죠.

누군가 여러분에게 "여기 얼마 동안 사셨어요?"라고 물으면 저렇게도 대답하잖아요.

그런데 '살았어요'를 보면 왠지 과거처럼 보이죠?

HAVE + pp 기둥은 과거부터 지금까지 사실인 것을 말할 때 사용합니다.

저 여기 살아요. vs. 저 여기 11년 살았어요.	 저 여기 11년 살았어요. 과거처럼만 보이지만 '지금까지'도 포함

HAVE + pp 기둥을 문법 용어로 '현재완료'라 합니다.

현재에 완료되었다, 과거부터 커버를 하는데, 현재까지 딱 커버하고 끝나는 거죠. 현재에서 완료!

그렇다고 미래까지 사실이 아니라는 것은 아닙니다. 그렇죠? 10년 살았고, 계속 살 거잖아요. **그냥 과거부터 지금까지만**을 말하고 싶어 이 기둥을 선택하는 것뿐입니다.

중학교 영어에서 HAVE + pp 기둥 문장만을 주고 용법이 다른 것을 고르라는 질문은 단골손님입니다. 전 그 질문을 접했을 때 한참 쳐다보기만 했었답니다.

'다 같은 기둥인데 다른 점을 뭘 고르라는 거지?' 영어로는 같은 것으로 보이니 말이죠. 그러다 국내 문제집을 보니, 스텝 18[01]에서 말했던 그 '용법 테이블'이 나오더군요.

국내 교육과정에서는 이 HAVE + pp 기둥을 4가지의 '용법'으로 나누어 소개합니다. 왜?!

저 '용법'은 영어를 우리말로 번역할 때 필요한 것입니다.

영어로 말하기 위해 알아야 하는 것이 아니라 번역하기 위해 알아야 했던 거죠. "번역기든 사전이든 뭐든지 유용한 도구를 사용해서 외국어를 트세요~"라고 추천하는 이 21세기에는 피하고 싶은 방식입니다.

시험을 대비하는 분들은 번역이 된 우리말을 집중해서 확인하면 간단해질 겁니다!

그럼 다시 HAVE + pp의 한 가지 느낌만 생각하면서 나가보죠!

상황) 회사에서 나누는 대화입니다.

#A: 연구 제안서 어떻게 진행되고 있어요?
> research proposal / go로 잘 쓴다고 했죠. (스텝 09⁰⁷) <
→ How is the research proposal going?

#B: 아직 안 했는데요.
'했다!'가 아니라 안 한 겁니다. NOT을 세 번째에 넣으면 되겠죠?
'지금까지 안 했다!'라고 할 때 잘 쓰는 말.
→ I have not done it yet.

HAVE NOT 역시 묶을 수 있겠죠? **haven't** [해븐트]
"I've not done it yet"이나 "I haven't done it yet" 둘 중 하나만 묶어야지 3개를 다 묶으면
발음 자체가 부자연스러워져 그렇게는 안 묶습니다. 더 해볼까요?

#A: 저희는 저희가 해야 할 부분은 했습니다.
> parts <
→ We have done our parts.

#이제 그쪽 차례입니다.
> turn <
→ Now it is your turn.

#기다리고 있겠습니다.
→ We will be waiting.

WILL 기둥에 BE + 잉 기둥 섞어서 미래에 와서 보면 우리는 기다리고 있는 중일 거다, 말하는 거죠.
"기다리겠습니다"와 "기다리고 있겠습니다" 정도의 차이입니다.
좀 더 해보죠.

#난 널 원해!
→ I want you.

#난 널 항상 원해왔어!
느낌이 지금까지 커버하죠?
→ I have always wanted you!

#난 널 처음 본 순간부터 원
했어.
I've wanted you~

> **extra** 언제부터? 껌딱지 since를 붙여서 처음 본 순간부터 내가 널 본 거죠. '순간', moment
> 를 먼저 끄집어내 보죠, since the first moment.

> **extra** 그리고 어떤 moment인지 설명해주면 되겠죠, that I saw you.
> → I've wanted you since the first moment that I saw you.

상황) 굉장한 것을 기다리고 있습니다.

#A: 언제 시작될까요?
> → When will it begin?

#B: 이미 시작되었네.
> begin - began - begun <

시작이 되어 지금까지 영향을 받고 있죠?
> → It has already begun.

begin은 begun?! 갑자기 왜 여기서 불규칙이 나올까요?
been이나 gone이 14번 기둥에서 나오지 않았듯 어떤 단어들은
BE + pp 기둥에서 잘 사용되지 않는다는 겁니다. 10개 정도밖에 안 되
니 나올 때마다 편하게 접하고 연습하면 됩니다.
다시 말해보세요.
> → It has already begun.

already는 뒤에 넣어도 됩니다.

#새로운 시대는 시작되었다.
> → A new age has begun.

좀 더 접해볼까요?

#보트는 아직 가라앉지 않았어!
> sink - sank - sunk <

begin - began - begun과 패턴이 같죠?
> → The boat hasn't sunk yet!
> → The boat has not sunk yet!
> → The boat's not sunk yet!

#너 수요일부터 침대에서 나온 적이 없잖아.

조건: be 쪽으로 만들어보세요.

.... You haven't been out
.... of bed since Wednesday.

상황) 계약 기간이 안 끝났는데, 끝난 것처럼 말합니다.

#제 계약 아직 안 끝났는데요.

contract / finish

.... My contract hasn't finished yet.

상황) 우리가 제출한 사업 제안서에 답장이 왔는지 물어봤습니다.

#아직 답장 안 받았습니다.

reply [*리'플라이] / receive [*리'씨~*브]

.... We haven't received a reply yet.

#내 이메일 한 5개월 동안 확인 안 했는데.

email / check

.... I haven't checked my email for about 5 months.

상황) 바쁜 레스토랑에서 웨이터한테 말합니다.

#저기요. 아직 우리 주문 안 받으셨는데.

order /:take - taken

.... Excuse me. You haven't taken our orders yet.

상황) 오랜만에 친구를 만났습니다. 같이 놀았던 다른 친구가 많이 변했는지
물어보니 이렇게 대답합니다.

#걘(남) 그렇게 많이 변하진 않았어.

change

.... He hasn't changed that much.

상황) 헬스장에서 아는 지인을 만났습니다.
#A: 어?! 안녕하세요. 여기서 운동하세요?
workout

.... Oh?! Hello. Do you workout here?

#B: 아니요. 아직 등록은 안 했어요.
sign up

.... No. I haven't signed up yet.

#A: 그럼 그거 하시려고 여기 계신 거예요?

.... Then are you here to do that?

#B: 아니요. 아직 결정하진 않았어요.
decide

.... No. I haven't decided yet.

#A: 등록하시지 그러세요. (조언!) 저랑 같이 운동할 수
있잖아요. 아니(제 뜻은), 원하시면요.
mean

You should do it. You can work

.... out with me. I mean, if you want.

상황) 학교를 졸업하며 헤어질 때 잘하는 말입니다.
#A: 계속 연락하고 지내!
　　　→ Stay in touch! (스텝 05[20])
그런 후 이사를 가고 세월이 흘렀어요.

#A: 제 졸업식은 8년 전이었어요.
> graduation [그*라쥬'에이션] <
　　　→ My graduation was 8 years ago.
#B: 친구분들하고 연락하고 지내셨나요?
그때부터 지금까지 그랬었느냐고 묻는 것이니 큰 과거를 다 덮죠? HAVE + pp 기둥이면 좋겠죠.
YN Q도 만들기 쉬우니 같이 해볼까요?
Have you~만 뒤집고 나머지는 그대로
　　do　be　did 과거가 규칙이면 pp도 규칙이죠?
　　　　→ Have you stayed in touch with
　　　　　your friends?

HAVE + pp 기둥 말고 다르게 질문해볼까요?

Have you stayed in touch?

#옛 친구분들하고 연락하고 지내시나요?

> → Are you in touch with your old friends?

두비에서 do 쪽으로 가서 stay 사용해도 됩니다.

> → Do you stay in touch with your old friends?

이렇게 자신의 말을 전달하면서 꼭 하나의 기둥만으로 가야 한다고 생각하지 말라고 했죠?
그럼 계속해보죠.

#A: 아니요. 전 연락 안 하고 지냈어요.

> → No, I have not been in touch with them.

'계속 유지 안 했다'라고 할 때도

> → I have not stayed in touch.

be든 stay든 여러분이 원하는 단어를 쓰면 되는 겁니다. 단어마다 느낌을 알고 쓰면 응용력이 좋아
지겠죠. 더 해볼게요.

상황) 새로운 소식을 말하는데, 상대가 처음 듣는다는 표정을 짓습니다.
#못 들으셨어요?

뉴스가 나온 후부터 지금까지 계속 못 들었느냐 묻고 싶으면, 크게 물으면 되겠죠.

> → Haven't you heard? 잘 쓰는 말입니다.

Didn't you hear? 이렇게 해도 메시지 전달은 다 됩니다. 이번엔 대화로 가볼까요?

상황) 빌려간 책을 돌려준다면서 미루던 친구를 식당에서 우연히 봤습니다. 가서 물어봅니다.

내 책 어디 있어? 언제 돌려줄 거야?

→ Where is my book? When are you gonna give it back?

대답을 안 합니다.

왜 아무 말도 안 해?

→ Why aren't you saying anything?

내 책 잃어버렸어?

완전 lost 했느냐고 묻는 거죠. 과거에 lost 했는데 그것이 지금까지 그런 거냐? HAVE + pp 기둥이 잘 어울리겠네요. 물어보세요.

→ Have you lost my book?

→ Did you lose my book? 이렇게 말해도 상관없습니다. 대신 'Have you?'일 땐 '지금 까지 못 찾은' 느낌이 있는 거죠.

상대가 대꾸를 안 합니다.

그거 내 책 아니란 거 알고 있지?

→ You do know that that's not my book, right?

또 쓰는 말. You do realise that that's not my book, right?

realise는 '몰랐다고 해도 내가 말하니 깨닫고 있지?' 식으로 말하는 겁니다. (스텝 15[05])

도서관 거야!

> belong=속하다 <

It belongs~

extra 소유자인 도서관한테 가야죠, 방향 껌딱지 붙여서, to the library.

→ It belongs to the library!

다른 것도 더 해보죠.

#A: 내 계획에 대해 누구한테라도 말했어?

> plan <

지금까지 말한 것이 하나라도 있느냐고 묻고 싶으면 HAVE + pp 기둥으로 간단하게 덮을 수 있으니 이 기둥이 좋겠죠.

→ Have you said anything to anyone about my plan?

#B: 아니, 아무한테도 언급 안 했는데.

> mention <

'지금까지 한 적이 없다!'라고 하니 HAVE + pp 기둥으로 크게 덮으면 좀 더 강력하게 전달되겠죠?

I have not mentioned it.

extra 엑스트라, to anybody.

→ I haven't mentioned it to anybody.

anything, anyone, anybody 등으로 문장 잘 만들어지고 있나요?

자! HAVE + pp 기둥만을 보면 별것 아니죠? 갑자기 이 기둥을 쓴다고 해서 또 DID/WAS 기둥은 절대 쓰면 안 되는 것처럼 여기지 않아도 됩니다. 가이드에서 소개하는 것은 좀 더 잘 쓰이는 것을 보여드리는 것뿐이에요.

말하면서 어떤 기둥을 써야 할지 모를 때는 기둥들을 앞에 쭉 놓고 보시라고 했죠?
연습할 때는 아예 놓고 보는 것이 좋답니다. 보면서 자신이 필요한 기둥을 골라서 그 구조대로만 말하면 됩니다. 이 기둥들로 모든 말이 전달될 수 있습니다.
그럼 편하게 부정과 질문을 다양하게 만들어서 더 연습해보세요.

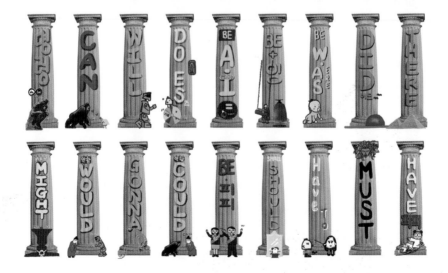

18 07

IS GONE

"See you!"라고 인사하는데 "See you around!"라고 답합니다.
왜 저렇게 뒤에 around까지 붙여서 말했을까요?
돌아다니다가 또 볼 사람한테 쓰는 겁니다. 왜 그런지 그림이 그려지나요?
자! 업그레이드해봅시다.

상황) 친구의 여자 친구는 항상 건물 앞에서 친구를 기다렸습니다. 요즘
은 안 보이네요. 말해보죠.
#A: 네 여자 친구 안 보이더라.
I haven't seen your girlfriend~
주위에 안 보이는 거죠, around까지 쓰면 됩니다.
→ I haven't seen your girlfriend around.
#어디 갔어?
'어딘가에 갔냐?'인데,
과거에 가서 지금까지 있는 것이니 HAVE + pp를 써도 어울리겠죠?
go의 pp인 gone을 쓰면 됩니다.
→ Has she gone somewhere?
뒤집기만 하면 되는 거죠.
#B: 어, 한국으로 돌아갔어.
갔는데 지금도 가 있는 거죠. HAVE + pp 기둥 어울리죠?
→ Yes, she has gone back to Korea.
#여름 후에 돌아와 있을 거야.
→ She will be back after summer.

102

She has gone, gone, gone. 그러더니 안 돌
아와요.
그녀의 상태가 아예 가버렸습니다.
She is gone.
상태를 말하는 거죠.
She IS gone!

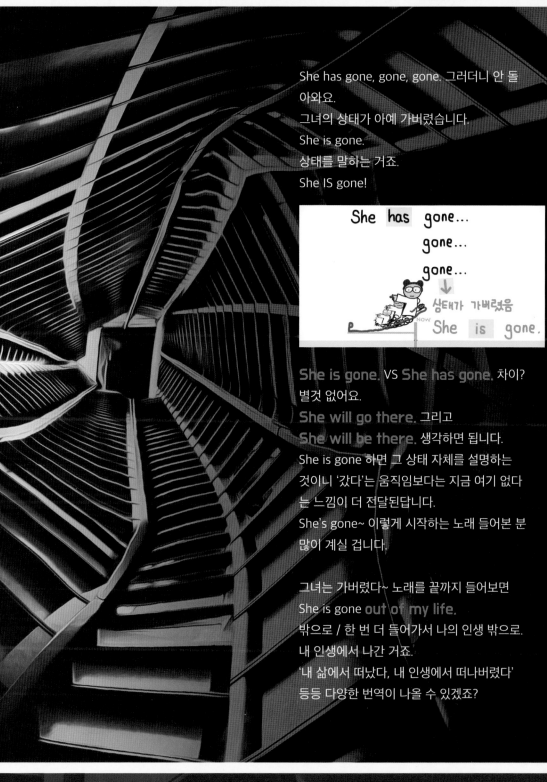

She is gone. VS She has gone. 차이?
별것 없어요.
She will go there. 그리고
She will be there. 생각하면 됩니다.
She is gone 하면 그 상태 자체를 설명하는
것이니 '갔다'는 움직임보다는 지금 여기 없다
는 느낌이 더 전달된답니다.
She's gone~ 이렇게 시작하는 노래 들어본 분
많이 계실 겁니다.

그녀는 가버렸다~ 노래를 끝까지 들어보면
She is gone out of my life.
밖으로 / 한 번 더 들어가서 나의 인생 밖으로.
내 인생에서 나간 거죠.
'내 삶에서 떠났다, 내 인생에서 떠나버렸다'
등등 다양한 번역이 나올 수 있겠죠?

She is gone.

눈치챈 분들 있나요? BE + pp 구조인가요?!

BE + pp 기둥과 모양새가 똑같습니다.

이럴 수가? 헷갈리지 않느냐고요?

아니요. 알고 보면 전혀 그렇지 않습니다. "She is gone"을 BE + pp 기둥으로 이해하려 하면
말이 안 되잖아요. 그녀를 go 하는 게 뭔 소리여?!

왜 BE로 바꿀 수 있는지 잘 보면 이해가 가죠?

행동을 해서 지금의 상태가 그렇게 되었음! 이렇게 자연스럽게 만들어진 것이죠.

영어에서는 이 구조를 이디엄으로 따로 분리해놓는답니다.

이런 제목의 팝송이 있습니다.

〈Since you have been gone〉

언제부터? You have been gone, 네가 간 이후부터~인 거죠. 네가 떠난 이후로, 이별 노래네요.

다른 노래로 〈Since you are gone〉도 있습니다.

네가 간 이후로~ 네가 떠난 이후로~

역시 이별 노래입니다. 같은 말인데 둘 다 사용 가능하죠? 그러니 편하게 보면 됩니다.

이렇게 HAVE + pp와 같은 뜻이면서 BE + pp 모양으로 바뀔 수 있는 말들은
몇 개 안 되지만 워낙 자주 사용되니 접해보죠.

이것을 비교하다 보면 여러분이 지금까지 얼마나 기둥을 탄탄히 익혔나 드러나게 됩니다.

이 기둥이 리트머스 테스트 같은 기둥이라고 했죠? 스스로를 테스트한다 생각하고 집중해보세요.

상황) 프러포즈 할 때 이렇게 말하죠.

#나랑 결혼해줄래?
→ Will you marry me?

#나랑 결혼해! 나랑 결혼해!
→ Marry me! Marry me!

식도 올리고, 혼인신고도 했습니다!

#저는 감상주의자와 결혼했습니다.
> sentimentalist [쎈티'멘탈리스트] <
이미 결혼한 거죠. 그 느낌을 HAVE + pp 기둥으로 말해볼까요?
→ I have married a sentimentalist.

#감상주의
영어로 뭘까요? 뭔가 '주의'는 단어 꼬리에 [이즘]을 잘 붙이죠? sentimentalism
'**감상적인**' sentimental. 서양은 이 단어를 그리 좋게 보지 않습니다. 감상에 사로잡혀 이성적으로 제대로 파악하지 못한다는 뜻으로 해석이 되죠.
감상주의자는 꼬리에 [이스트]를 붙인 겁니다.

어휘를 좀 더 늘려볼까요?
영어에서는 하늘이 지어준 자신의 짝을 right person이라고 합니다. 옳은 사람언 거죠.
뭔가 '운명적'이라고 할 때 잘 쓰는 말 중 하나가

#그것이 별들에 쓰여 있다라고 합니다.
→ It is written in the stars.
말이 예쁘죠?
별들 안에 운명이 쓰여 있다고 믿는 것이죠.

#저는 결혼했습니다.

이제부터 내 상태는 결혼한 상태죠.

그래서 이 말은 과거에 '했다'는 HAVE + pp보다 내 현재 상태가 '그렇다'는 BE로 더 잘 사용하게 됩니다.

결혼했다고 서류에 딱 사인하는 순간, 이제 당신은 계속 결혼한 상태이기 때문에 BE + pp 모양으로 훨씬 더 자주 사용하게 되는 거죠.

> → I am married.

더 섞어볼까요? 다음 문장을 만들어보세요.

#전 결혼한 지 10년 되었습니다.

10년 전 상태가 지금까지 계속 같은 상태죠? 잘 쓰는 말,

> → I have been married for 10 years.

자! 매우 간단하게 생긴 말입니다. married 된 상태가 길었던 거죠. 그게 다입니다.

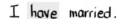

"I have married"와 "I have been married"의 차이를 묻는 분이 있어요. 별것 아닌데 영어로는 왠지 별것처럼 보이거든요. 이걸 문법 용어로만 분해하려 하면 호랑이 곶감 됩니다. 영어 문장이 복잡하게 보이면 항상 가장 기초 기둥으로 분해해보세요. 그럼 거품이 벗겨진답니다.

"I have married"는 결국 "I (did) married"와 비슷하잖아요. "I have been married"는 "I am married"라 생각하면 되는 겁니다. 이렇게 문법 용어로 분해하지 않아도 기본을 알면 그다음 레벨을 감으로 잡는 것이 수월해진답니다.

자! 나의 올바른 짝이
right person이라면
#잘못된 짝은?
당연히 wrong person이겠죠.
그럼 다음 문장을 만들어보세요.

#A: 당신의 짝이 아닌
사람과 결혼하셨나요?
→ Have you married a wrong person?

#B: 저 결혼 안 했습니다.
→ I am not married.

요즘은 결혼과 이혼이 쉬워졌죠.
로맨틱 코미디 영화에서 결혼 후에 각자의
right person을 찾은 부부가
이런 대화를 나누더군요.
#나랑 이혼해줄래?
> divorce [디'*보~스] <
"Will you marry me?"에서
단어만 바꿔치기하면 되죠?
→ Will you divorce me?

그래서 "저희 이혼했어요"는
"We are divorced"라고 합니다.
그런 행동을 하고 나면 곧바로 상태가
이혼한 것으로 되어버리니 HAVE + pp
보다 상태인 be 쪽으로 바꿔주는 겁니다.

사랑을 주제로 한 동화책은 결말이 항상 비슷하죠.
행복한 결말, happy ending 우리도 잘 접합니다. 바로
"…. 그리고 행복하게 살았답니다." 영어로 이 말은
"…. and they lived happily ever after." 항상 이렇게 말한답니다.
'살았는데, 그 이후로 언제든 항상 행복하게 살았답니다'인 거죠. ever 배웠죠? (스텝 16[13])

하지만 현대에 와서 결혼제도에 대한 환상이 깨지면서 이제는 그 결론과 관련해 다양한 말들도 접
하게 됩니다. 다음은 영화 대사입니다.
#Happy endings are just stories that haven't finished yet.

Happy endings are just stories 행복한 결말들은 = 그냥 이야기들일 뿐이야.
that haven't finished yet. HAVE + pp 기둥으로 연결되죠. 그러니 이것은 열차인데 카멜레
온이 없는 것은 불필요해서죠. 바로 앞의 stories가 카멜레온입니다. (스텝 12[07])
'Happy endings'라는 것은 아직 끝나지 않은
이야기일 뿐이야.

#이혼했었는데요, 그리고 다
시 결혼했어요.
→ I was divorced, then I got married again.

HAVE + pp 기둥은 선택입니다. 모든 문장에서 무조건 DID 아니면 HAVE + pp를 선택해야 한다고 생각하지 말라고 누누이 말씀드리고 있습니다. 우리말에는 아예 있지도 않은 구조예요.
다시 말해 소통에서 그렇게 중요한 차이가 없다는 거죠.
그럼 좀 더 해볼까요?

#난 길을 잃었어.

> → I lost the way. 그냥 이렇게 해도 되고,

> → I've lost the way. 이러면 지금도 길을 잃어서 못 찾고 있는 거죠. 헤매고도 모르겠어서 멀뚱히 서 있습니다. 어디로 가야 할지 모르겠어요. 내 상태가

아예 lost로 남아버린 겁니다. 그래서 또 잘 쓰는 말.

> → I am lost.

내 상태가 lost가 되어버린 겁니다. 누군가 나를 잃은 것이 아니라 혼자서 길을 잃은 거죠.

"I am lost"일 때는 굳이 the way를 쓰지 않습니다. 내가 헤매고 있을 때 사용하는 것이니 워낙 뻔히 보이기 때문일까요.
그냥 "잘 자요"라고 하면 될 것을 굳이 "좋은 잠을 자요", "깊은 잠을 자요"라고 하면 어색하듯이 이것도 그냥 "I am lost"라고만 해요.
이제 응용해볼게요. 만들어보세요.

#A: 저 사람들 길을 잃은 걸까? (그렇다고 생각해?)

> → Do you think they are lost?

#B: 그렇게 보이는데.

> → It seems so.

#A: 내가 가서 물어볼게.

> → I will go and ask.

#저기요, 길을 잃으셨나요?

> → Excuse me, are you guys lost?

카멜레온 잊지 않고 있죠? 주어 팔아먹지 말고! 두비 잘 고르고! 기둥 잘 <u>고르고요</u>!
어떤 영어 문장이든 항상 적용됩니다! 또 만들어보세요.

108

#영화 아직 안 끝났어. 앉아!

→ The movie hasn't finished yet. Sit down!

영화의 상태가 끝나지 않았다고 할 때는

→ The movie isn't finished yet!

이렇게 be로도 잘 말한답니다.

| The movie | has | not | finished yet! |
| The movie | is | not | finished yet! |

상태가 안 끝났음

#내 말 아직 안 끝났어!

영어는 굳이 '내 말'이라고 안 하고 그냥 I 라고 하면 된다고 했죠?

내 말 들어! "Listen to me!"처럼 말이죠.

→ I am not finished yet!

→ I haven't finished yet. 이렇게 해도 됩니다.

"I am not finished"라고 하면 내 상태에 더 집중한 겁니다.

내 상태에 더 집중해서 잘하는 말.

"난 끝! 난 끝났어!" 우리 이런 말 잘하죠? 뭘 끝냈는지는 관심 없고! 그냥 난 끝난 상태입니다.

영어로 잘 쓰는 말! I am done!

"I have done it!"에서 온 말이랍니다. 내가 했는데, 다 해버린 거죠. 대신 "I am done"에서는 굳이 it까지 안 붙여줍니다. 정말 내 상태에만 집중한 말인 거죠. I am done!

BE + pp 기둥의 '수동적' 느낌이 아니라 내가 한 것인데 HAVE + pp에서 상태적인 느낌으로 강조할 때 사용하는 것뿐입니다.

She is gone. 그녀가 간 것은 맞는데, 그녀의 가버린 상태에 더 집중한 거죠.

> "
> 그럼 이제 연습장에서 지금까지 접한 것을
> 다른 주어들이나 배경과 섞으면서 연습해보죠.

연습

상황) 이성 친구랑 예약한 레스토랑으로 가는 중입니다.

#A: 만약 네가 어디로 가는지 모른다면, 그건 보통 네가
길을 잃었다는 뜻이야.
Hint: 어디로 가고 있어?

.... If you don't know where you are
going, it usually means that you are lost.

#B: 길 안 잃었거든!

.... I'm not lost!

#A: (내 생각엔) 우리 내비게이션을 사용해야 될 거
같아. 안 그러면 제시간에 절대 도착 못 할 거야.
navigation / on time

.... I think we should use the navigation,
.... otherwise we will never get there on time.

상황) 누군가가 Amanda와 James를 결혼한 커플이라고 오해합니다.
#Amanda랑 James 서로 결혼 안 했어.

Amanda and James are
.... not married to each other.

상황) 사람 찾기 게임을 하고 있습니다.
#A: 걔네들 갔어요?

.... Are they gone?

#B: 아니, 아직.

.... No, not yet.

#됐어~ 이제 나와도 돼. 갔어!

Okay~ you can come out now.
.... They are gone!

상황) 전장에서 장군이 부하들에게 말합니다.
#우리가 비록 모든 전투에서는 졌지만, 전쟁은 지지
않을 것이다. 우린 아직 패하지 않았어.
battle [바틀/배틀]=전투 / war / lose=잃다, 패하다

Although we have lost all the battles,
.... we will not lose the war. We are not lost yet.

상황) 다투는 중. 상대가 쉬지 않고 연달아 말하고 나서야 대꾸합니다.
#할 말 다 했어? (다 끝났어?) 이제 내가 말해도 될까?

.... Are you done? Can I talk now?

#네가 알아채기도 전에 그녀는 사라져 있을 거야.
know

.... She will be gone before you know it.

#내 아내는 가버리지 않았어! 그냥 떠나 있는 거야.
away

My wife is not gone!
.... She is just away.

상황) 해롱거리는 아들. 술병이 비어 있어요.

#A: 이 병이 왜 비어 있어?

> bottle / empty <

→ Why is this bottle empty?

#이거 칵테일인데!

→ This is cocktail!

#너 이거 마셨어?

"Did you drink this?"라고 해도 됩니다. 그런데 이 상황은 마셔서 지금까지 영향을 받는다는 느낌이 보이죠. 그러면 과거를 크게 덮어서 지금까지 와도 되는 겁니다. HAVE + pp 기둥으로 가도 된다는 거죠.

Have you~ drink의 pp는 drunk [드*렁크].

→ Have you drunk this?

자! 이 문장 문법상으로 멀쩡한 문장입니다. 재미있는 것 하나 짚고 넘어가죠.
상당수 원어민들은 저 말이 틀렸다고 할 것입니다.

대부분 "Have you "drank" this?"로 갈 거예요. 실제 많이들 그렇게 쓰거든요. 하지만 문법상 맞지 않는 말이랍니다. 오히려 원어민이 정작 틀려놓고 사람을 헷갈리게 만드는 상황이죠.
그럼 이런 일이 왜 생길까요?

먼저 다음 문장을 만들어보세요.

#술을 마시고 또 마셨어요.

→ I drank and drank.

#여기 있는 것을 다 마셨어요!

HAVE + pp 기둥으로 가볼까요?

→ I have drunk everything here!

#그래서 저 지금 취했어요!

내 상태를 말하는 거죠. drunk가 다 된 상태인 겁니다.

→ I am drunk now.

이 말이 '취했다'는 뜻이랍니다. 왜 이렇게 생겼는지 보이죠? HAVE + pp에서 생긴 기둥인 겁니다. BE + pp 기둥이 왜 만들어질 수 없냐면요. BE + pp 기둥이면 내가 다른 사람에게 마셔진 거잖아요. 내가 음료수인 거죠. 그림이 이상하지요?
그래서 HAVE + pp에서 생겼다는 것을 알 수 있는 겁니다.

그럼 바로 응용해볼까요?

#A: 너 취했냐?
→ Are you drunk?
#얼마나 취한 거야?
→ How drunk are you?
#B: 나 안 취했어! 네가 취했잖아!
→ I am not drunk! YOU are drunk!

drunk라는 단어는 이런 상황에서 정말 잘 쓰이겠죠? 워낙 이렇게 BE + pp 모양새로 잘 쓰이다 보니, I have drunk인 HAVE + pp 모양새로 나오면 낯설게 들리는 겁니다. 그래서 원어민들이 잘못된 것이라고 지레짐작하는 것이지요.

서서히 HAVE + pp에서 생긴 BE + pp 느낌이 감이 잡히나요? 여기에 나오는 문장들만 먼저 기억하세요. 그리고 누군가 여러분에게 뭐가 맞고 뭐가 틀리다고 할 때 주눅 들지 마세요.
아무리 상대가 원어민이어도 여러분이 더 맞을 수도 있는 겁니다. 검색하면 답이 나오겠죠?
"She is gone"이나 "I am married"가 이 스텝을 잘 보여주는 예문입니다.

이제 편하게 이번에 배운 것을 카멜레온만 바꿔 '이미 했는데 지금까지 영향을 받는 상태'란 느낌을 기억하면서 연습해보세요.

18 08

전체복습

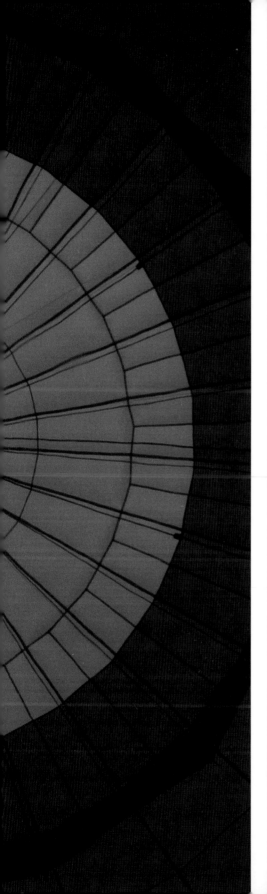

18번 기둥 어떤가요?
새로운 것을 배울 때 잠깐씩 쉬었다가 다시
보면 도움이 된다고 했죠? 잠깐 쉬어봅시다!
지금까지 지나온 기둥들과 스텝들 보세요!
정말 많이 왔죠? 영어는 보면 볼수록 이미
알고 있는 것들을 재활용해서 새로운 말로
만들어내고 있다는 것, 보이나요?

그 때문에 그만큼 전에 알던 것들을 탄탄히,
제대로 알고 있는 것이 중요합니다!
영어의 기초들을 쉽다는 이유로 그때만 대충
훑어버렸다면 HAVE + pp 기둥에서 MUST
기둥과 합치는 것, pp가 나오는 것, BE + pp
기둥과 서로 다른 점 등, 헷갈리는 것이 계속
생기겠죠? 기본 틀을 제대로 알아야 서로 엮
이고 꼬이는 것에서 헤매지 않게 됩니다.

만약 헷갈리는 분이 있다면 당황 말고 다음
단계 나가면서 동시에 코스를 한 번 더 밟아보
세요! 많은 도움이 될 겁니다.
처음 외국인 보면 다 비슷비슷하게 보이죠?
하지만 보면 볼수록 익숙해지면서 분별할 줄
알게 됩니다. 외국어도 마찬가지예요. 처음에
는 다 비슷한 것처럼 보여도 자꾸 접하다 보면
눈이 뜨입니다.

자주 쓰는 틀은 직접 계속 만들어봐야 내 것이
됩니다. 그렇게 되면 문법 따로, 단어장 따로
가 아닌, 문장 안에서 내용을 읽으면서 영어를
익히게 되겠죠?

그럼 이제 마지막으로 복습 시간 제공합니다.
연습장에서 다양한 말들을 만들면서 스스로를
테스트해보세요!

다음 문장들을 공책에 적고 최대한 기본 문장으로 해부해서 어떻게 엮였는지 복습해보세요.
아래 해부한 힌트도 드렸습니다.

예)

#When do you think the students should see you?

학생들이 선생님을 언제 봐야 한다 생각하시나요?

Do you think the students should see you?

학생들이 선생님을 봐야 한다 생각하시나요?

Should the students see you?

학생들이 선생님을 보는 것이 좋을까요?

#I have wondered whether I made the right choice.

choice=선택

I wonder about everything.

I wondered.

I have wondered.

I make the right choice.

....

#You are going to have to commit to things that really matter to you.

commit [커밋트]=전념하다 / matter=중요하다

You have to commit to things.

You are going to do this!

They matter to you.

....

#That is the best thing that could have happened.

That is the best thing.

What can happen?

What could have happened?

....

116

#Having lost my passport, I have to apply for a new one.

Hint: (스텝 17³) / apply [어'플라이]=신청하다

Don't lose your passport!

I have lost my passport.

Can you apply?

I have to apply for it.

#This is the most exciting thing that's ever happened to me.

exciting=신나는

This is exciting!

This is the thing that happens.

#We must forgive those who have wronged us in the past.

forgive=용서하다 / wrong=부당하게 취급하다, 모욕을 주다

You must forgive them.

They did wrong us in the past.

#Having been invited to the party, we could hardly refuse to go.

invite=초대하다 / refuse [*뤼'*퓨~즈]=거절하다

Don't invite them!

We have been invited.

We can't refuse.

We can hardly refuse.

#Those who remain here are spies. They will be treated as spies.

remain [*뤼'메인]=남다, 계속 ~이다 / treat=대하다 / spy=스파이, 간첩

They are spies.

People who remain here are spies.

We will treat them as spies.

They will be treated as spies.

#My friend didn't say anything about being lost. I thought she was fine!

She didn't say anything about this.

She is lost.

Being lost.

She is fine.

I think that she is fine.

#Not having been informed, we were completely in the dark.

inform [인'*폼~]=정보를 통지하다, 알리다 / completely [컴'플리틀리]=완전히

Inform me!

I was not informed.

I have not been informed.

We were in the dark.

#Things don't look too good. But having said that, there are still grounds for optimism.

optimism [옵티미즘]=낙관주의 / grounds=타당한 이유

They don't look good.

There are grounds for this.

You can't stand here and demand! You have no grounds for this!

I have said that!

#I've spent half an hour looking for that letter.

Don't spend your time!

Don't look for that letter!

Having been hunted close to extinction, the rhino is once again common in this area.

extinction [익'스팅션]=멸종 / rhino [*롸이노]=코뿔소 / common [커먼]=흔한

Don't hunt them!

They are hunted.

They have been hunted to extinction.

It is close to that.

It is common.

It is once again common.

Your father keeps asking me whether I've ever noticed you throwing money.

notice [노티스]=신경 씀, 주목 / throw money=돈을 던지다, 돈을 막 사용하다

Don't ask! Keep it!

You keep asking!

I have noticed something.

You were throwing money.

I have noticed you throwing money.

1809

의문사 의문문

WH Q

복습 잘했나요? 다른 기둥과 엮어 과거까지 가는 것도 함께 복습했습니다. 그럼 이번 스텝에서는 WH 질문으로 같이 엮어보죠.

상황) 남동생과 중요한 일로 밖에서 만나기로 했는데, 연락도 안 되고 안 나타나요.
#어디 있는 거야?
→ Where is he?
기다리다 짜증이 날 때가 있죠. 그래서 좀 더 강하게,
#도대체 어디 있는 거야?
→ Where the hell is he?
한참 뒤에 나타났습니다.
#어디 있었어?
Where were you? 이렇게 물어도 되지만, 지금까지 어디 있었느냐고 묻고 싶으면 HAVE + pp 기둥이 타임라인을 다 커버해주겠죠?
→ Where have you been?
"I am here"를 HAVE + pp 기둥으로 바꾸면 그 구조에 맞게 "I have been here."
질문이니 뒤집고, WH Q를 맨 앞에 붙이면 끝! 또 만들어보죠.

상황) 친구를 오랜만에 만났습니다.
#어떻게 지냈어?
그냥 "How are you?"라고 해도 되지만, 지금까지 어떻게 지냈느냐고 과거부터 길게 커버해서 지금까지 묻고 싶다면?
→ How have you been?

상황) 오랜만에 만난 친구인데 거식증 걸린 사람처럼 삐쩍 말랐습니다.
#너 살 빠졌어?
> weight [웨이트] / lose - lost <
그전에 빠져서 지금까지 계속 빠져 있느냐 묻는 거죠.
→ Have you lost weight?
DID 기둥으로 말해도 충분히 이해할 수 있겠죠? 대화로 연결해볼까요?
#너 너무 말라 보인다.
> thin <
→ You look too thin.
#전에는 건강해 보였는데.
→ You looked healthy before.
#더 이상 안 그래.
→ You don't anymore.

자, HAVE + pp로 지금 '살 빠졌느냐'고 말하고 나서 '전에는 건강해 보였다'고 할 때는 DID 기둥으로 말하죠? 뻔한 겁니다.
직접 만들면서 보면 이 룰들이 별것 아니죠? 그런데 똑같은 걸 보면서 이건 '과거시제' 저것은 '현재완료시제' 이것은 '현재시제'라고 하면 헷갈립니다.
그러면 이번 것은 기둥들을 좀 더 객관적으로 바라볼 수 있게 섞어봅시다!

상황) 다른 부서 동료가 전화기만 쳐다봅니다.
#A: 뭐 하세요?
> → What are you doing?

그러다 들은 말이 생각났습니다. 뭔가 대박 날 수 있는 거래가 생길 수 있다고 했어요.

#아! 그분들 연락 기다리고 있구나, 그렇죠?
또 잘 쓰는 말, 소개해드릴게요.

Ah! You are waiting~

extra	왜 기다려요? 들으려고, to hear~
extra	그분들한테 듣는 거죠, from them,
extra	aren't you?

> → Ah! You are waiting to hear
> from them, aren't you?

"Are you waiting for their call?"
이라고 해도 되겠죠?
메시지 전달 방법은 다양합니다.

#B: 어떻게 알게 됐어요?
> find out <

> → How did you find out?

#A: 그건 중요치 않고. 뭐 들은 거 있어요?
> → That's not important.

과거에 들었는데 지금까지 적용되는 느낌이 죠. 그래서 잘 쓰는 말:
> → Have you heard anything?

#B: 아직 말씀 못 드려요.
> → I can't tell you yet.

#지금까지 얼마큼 들으셨어요?
앞에 얼마큼만 붙이면 되죠?
How much have you heard? 하고 잘 붙이는 말 '지금까지', 영어로 so far라고 합니다.
far는 '멀리'죠.

> → How much have you heard
> so far?

이디엄이랍니다.
이렇게 새것을 접한 후에는 그 자리에서 바로 2~3개 정도의 새로운 문장을 직접 만들어 연습하면 좋다고 했죠? 해볼까요?

\#지금까지 너희 부모님께 뭘 말씀드렸어?

→ What have you told your parents
so far?

헷갈리면 명령 기둥으로 만들고 나서 문장 쌓아서 익히세요.

\#1. 너희 부모님께 말씀드려!

→ Tell your parents!

\#2. 난 너희 부모님께 말씀드렸어.

→ I have told your parents.

\#3. 너 부모님께 말씀드렸어?

→ Have you told your parents?

\#4. 부모님께 지금까지 뭐 말씀드렸어?

what만 붙이고 나머지 그대로 내려오면 되죠.

→ What have you told your parents
so far?

\#너 지금까지 뭐 샀어?

> buy - bought <

→ What have you bought so far?

\#선생님이 지금까지 뭐 찾아냈어?

> find - found <

→ What has the teacher found so far?

\#1. 나한테 보여줘.

→ Show me.

\#2. 네가 지금까지 가지고 온 것 나한테 보여줘.

> bring - brought <

Show me~ 하고 나머지 말하면 되는 거죠?

extra 네가 지금까지 가지고 온 것,

what you've brought so far.

→ Show me what you've brought so far.

so far를 몇 개 더 하니 익숙해졌나요? 그럼 다른 상황 하나 더 해보죠.

상황) 친한 친구가 마늘을 통째로 먹었는지 고약한 냄새가 나요!

#네 입 냄새 심해!

> breath [브*레*스] / stink [스팅크]=고약한 냄새가 나다 <

Your breath~ '냄새나다', smells! 감각으로 배웠죠? (스텝 05⁰⁷)

→ Your breath stinks!

#도대체 뭘 먹었어?

> eat - eaten <

"What did you eat?"도 되고, 지금까지 완전 영향을 끼치고 있죠?

HAVE + pp 기둥 써서,

→ What have you eaten?

감정 더 실어서 the hell까지 붙여볼까요?

→ What the hell have you eaten? (스텝 06¹⁸)

#어떻게 좀 해봐.

뭔가를 해보라는 거죠. 메시지 전달!

→ Do something!

영어는 정말 이렇게 씁니다.

또 재미있게 쓰는 말:

#Do something about your breath!

입 냄새에 대해 어떻게 해보라는 겁니다.

Your breath를 두고 이리 찌르든, 저리 찌르든 해결하라는 거라서 딱지 about이 어울리는 거죠.

연습

#저분(남) 저기 얼마나 오래 있었어?

.... How long has he been there?

#너 누구한테 내 비밀에 대해 말했어?

secret / tell - told

.... Who have you told about my secret?

상황) 친구가 좋아한다고 고백했습니다.

#언제부터 이렇게 느꼈던 거야? 얼마 동안 이렇게
느꼈던 거야?

Hint: since when / feel - felt

Since when have you felt this way?
.... How long have you felt like this?

상황) 수색 중입니다.

#부장: 지금까지 뭐 찾아냈어?

so far / find - found

.... What have you found so far?

#그 나라가 너한테 해준 것이 뭔데?

country / do - done

.... What has that country done for you?

#왜 이 직업을 선택하셨죠?

career [커*리어] / choose - chosen

.... Why have you chosen this career?

125

서울 인사동 근처에서 중국인 관광객 가족이 저에게 길을 물은 적이 있습니다. 그런데 영어로 물어보더군요.

영어로 대답해주면서 상대가 알아들으니 좀 더 자세하게 길을 안내해줄 수가 있었습니다.

이렇게 국적이 어느 나라건 상관없이 바로 대화를 시작할 수 있는 가능성을 열어주는 영어.

영어의 이런 매력은 경험할 때마다 뿌듯한 느낌이 듭니다.

외국인들과의 만남에서 항상 나오는 기본적인 질문들이 있겠죠. 해볼까요?

#A: 영어 할 줄 아세요?

→ Do(Can) you speak English?

#어디서 오셨어요?

→ Where are you from?

#한국에 얼마나 오래 계셨어요?

예전부터 지금까지 얼마나 있었느냐는 것이니 HAVE+ pp 기둥 잘 어울리죠?

'얼마나 오래'는 how long.

→ How long have you been in Korea?

#B: 2주 반 있었어요.

→ I've been here for two-and-a-half weeks.

2주 반을 쓸 때는 하이픈을 다 긋는데 그 이유는 읽을 때 헷갈리지 않게 한 묶음임을 보여주려는 겁니다. 풀어볼까요?

two and a half weeks. 풀리니 하나로 안 보이죠?

#A: 죄송해요. 잘 못 들었어요.

> catch라는 말로 잘 씁니다. 말하는데 다 못 잡은 겁니다. <

→ I am sorry. I didn't catch that.

#2주 동안 있었다고 하셨나요?

→ Did you say you've been here for 2 weeks?

#B: 2주 반요.

→ Two-and-a-half weeks.

#A: 아, 2주 반요. 꽤 있으셨네요!

Ah, two-and-a-half weeks. 다음에 You've been here 하고 '꽤 있다'라고 할 때 for a while. for a long time보다는 짧지만 그렇다고 그렇게 짧은 느낌은 아닌, '한동안' for a while!

→ Ah, two-and-a-half weeks. You've been here for a while!

126

#지금까지 어떠셨어요?

어떻게 전달해야 될지 잘 모르겠으면 아래 문장들 먼저 만들어보세요.

#1. 좋아요.

→ It's good. 크게 잡아서

#2. 지금까지 좋았어요.

It has been good~

extra 엑스트라 하나 붙여서 ~so far.

→ It has been good so far.

#3. 지금까지 좋으셨나요?

뒤집으면 되는 거죠?

→ Has it been good so far?

#지금까지 어떠셨어요?

→ How has it been so far?

good은 들어가지 않죠? 그게 답이니까요.

#여기 사는 것 마음에 드세요?

→ Do you like living here?

#여기 마음에 드세요?

→ Do you like it here?

영어는 it을 써줍니다. 여기라는 공간 자체가 마음에 든다기보다는 여기에 관련된 다양한 것이 마음에 드느냐고 물어서인지 it을 써줘요.

지금 가진 영어로 말하기에는 창피하다는 생각을 계속 버리세요!
어떤 말이든 소통하지 못하고 멀뚱하게 있을 때가 더 이상하게 보인답니다.

정작 사람들은 내용을 중요시 여기지 '언어' 자체는 그리 중요치 않게 본다는 것!
그러니 여러분, 영어에 자신감을 가지세요!
그럼 WH 질문을 좀 더 쉬운 단어로 만들어 연습해보세요.

18 10 부가의문문

TAG Q

MUST 기둥을 보면 기둥을 재활용했었죠?

'저 사람은 결혼했을 거야', '저 사람은 40은 됐을 거야' 식으로 강하게 추측할 때도

MUST 기둥을 사용했습니다. 한번 만들어보세요.

상황) 사회생활을 조언해줍니다.
#일을 열심히 해야 돼!
→ You must work hard!

상황) 일을 너무 많이 해서 힘들다는 이에게는,
#일을 열심히 하나 보네.
→ You must work hard.

우리말로는 전혀 다른 것 같지만 영어는 '해야 된다'는 강한 MUST 기둥을 저렇게 '그런가 보다'라는 강한 추측에도 사용합니다.

이렇게 영어는 뭔가 비슷한 느낌이 있으면 최소한의 기둥으로 재활용한다는 것을 알 수 있었죠.

그러면 이 HAVE + pp 기둥은 어떨까요?

그냥 과거도 아니고, 과거부터 지금까지 오는 큰 과거입니다. 과거를 크게 덮는 기둥인데

재활용할 수 있는 것들이 없으면 이상하겠죠?

그럼 다음 문장을 만들어보세요.

상황) 오랜만에 보는 사람. 머리가 길어졌습니다.

#A: 머리 마음에 드네요.

> → I like your hair.

#B: 고마워요. 자라게 내버려뒀어요.

> grow <

Thank you. 다음에 **자라게 내버려뒀어요.** "Let me go!"처럼 "Let it grow" 자라게 내버려둬라.

"지금까지 길게 내버려뒀어요"라고 말한다면 무슨 기둥?

I've let my hair grow.

> → Thank you. I've let my hair grow.

어렵지 않죠?

자! 이제 학생들이 헷갈려 하는 것을 접해볼까요?

한 소녀가 있습니다.

#애 서울에 있어.　　　→ She is in Seoul.

#애 서울에 있었어.　　→ She was in Seoul.

여기까진 쉽죠? 그럼 다음 것.

She has been in Seoul for 10 years.

지금도 얘가 서울에 있나요? 없나요?

있죠. 현재까지 연결되어 있잖아요.

in Seoul~ 서울 안에~~

또 다른 소녀가 있습니다.

#She goes to Milan every month,

정기적으로 밀라노에 가는 거죠.

#She went to Milan.

이렇게 말하면 '돌아오긴 했어?' 같은 질문을 다시 할 수 있죠. 지금 있는지 없는지 모르잖아요.

#She has gone to Milan.

지금 이 소녀는 서울에 있나요? 밀라노에 있나요?

지금 밀라노에 가버린 거죠. 여기 없습니다. 돌아왔느냐 물어볼 필요가 없죠. 아예 한 문장으로 그 설명까지 해버린 겁니다. 여기까지 우리 다 압니다. 그렇죠?

그러면 마지막 상황을 보죠.

난 지금은 서울에 있지만, '전에 밀라노에 가봤어'라고 말할 때!
위에서 말한 2개의 다른 상황이 합쳐지는 거죠. 이건 어떻게 만들까요?

밀라노에 가봤었어요.
She has been + to Milan.
이 구조입니다.
과거부터 지금까지의 상태가 + 방향 Milan, 밀라노에 가 있던 것.
내 상태가 과거부터 밀라노에 가 있다고?
보세요. 우리말로 직역하면 어색할 수 있죠?

내가 그곳에 있었던 경험을 지금까지 가지고 있는 겁니다. 경험이란 것은 흥미롭습니다. 보세요, 과
거에 있던 일을 지금도 하나의 이야기처럼 가지고 있는 것이 바로 경험이잖아요.
과거에 있던 일이지만, 현재까지 연결된 것처럼 말하는 느낌. 그래서 이 HAVE + pp 기둥으로
재활용하기에 어울리는 겁니다.

#저 밀라노에 가본 적 있어요.
→ I have been to Milan.
그냥 "I was in Milan"이라고 해서 또 못 알아듣는 것도 아닙니다.
경험에 대해 이야기할 때도 내가 경험으로 가지고 있다고 HAVE + pp 기둥으로 말한 후에 좀 더 자
세하게 그 경험에 대해 말할 때는 편하게 다시 DID/WAS 기둥으로 말하거든요.
룰로 생각하면 복잡해 보이지만 실제 영어로 대화하다 보면 생각도 안 하게 되는 별것 아닌 것입니다.
적응할 수 있게 경험에 대해 더 만들어보죠.

상황) 아는 분이 여행 사진을 보여주는데, 아는 곳 같아요.

A: 이곳 어디예요? 이거 바르셀로나예요?
> → Where is this place? Is this Barcelona?

B: 어, 맞아요. 거기 가보셨어요?
> → Yes, it is. Have you been there?

A: 네, 저도 스페인에 갔었어요. 전 정말 좋았어요!

"Yes, I have gone"은 안 되죠? 이렇게 과거를 크게 잡고 '전에 간 것이 지금까지 경험으로 남았다!'
는 느낌으로
> → I have been to Spain. I loved it!

그러자 상대방이 묻습니다.

B: 그라나다는요?
> → How about Granada?

그라나다 가보셨나요?

과거부터 지금까지 크게 덮어서 가본 적 있느냐고 묻는 겁니다. 경험으로 물으니 'Have you
been~' 다음에 지금 그라나다에 있는 게 아니니 방향으로 움직여서 방향 껌딱지, to Granada.
> → Have you been to Granada?

A: 아니요, 그라나다에 대해서는 한 번도 안 들어봤어요.

과거부터 지금까지 들어본 적이 없는 거죠.
No, I have not heard~ 껌딱지 뭐가 좋을까요? about? 영어에서는 of 잘 씁니다! of Granada.
> → I haven't heard of Granada.

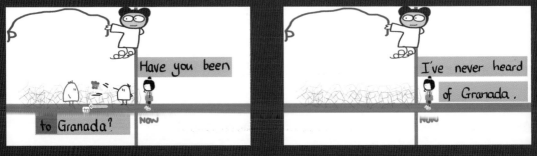

132

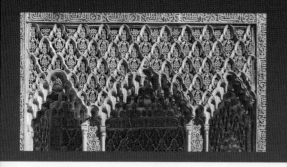

'그라나다에 대해서' 안 들어본 것인데 껌딱지 about이 아니라 of로 갔어요. 왜 그럴까요?

about은 컴퍼스 껌딱지잖아요. 그곳의 위치나 문화 역사 등등 그라나다에 관련된 것을 자세히 들어보지 못한 거죠. about은 뭔가 주제를 두고 그것에 관련된 것을 아우를 때 쓰는 껌딱지니까요.

그런데 그냥 이름도 들어보지 못했다면
I have never heard~ 하고 한 번 더 들어가서 뭘 못 들어봤느냐면 해서 껌딱지 of를 붙인답니다.
I have never heard of Granada.
아예 Granada 자체도 못 들어본 거죠.
이렇게 잘 쓰는 것을 하나만 더 보고 응용해보세요.

나 네 생각 했었어.
구체적으로 생각한 게 아니라 누군가가 그냥 막연히 생각날 때 있죠? 이럴 때 of가 잘 어울립니다.
→ I have thought of you.

같은 말인데
"나 네 생각 했었어" 하면? 우리말로 "너에 대해 생각했었어" 하면 좀 더 쉽게 보이죠?
그 사람과 관련해 다양하게 생각한 거죠. 그럴 때는
→ I've thought about you.

같은 말을 about으로 쓰면 주제를 컴퍼스처럼 좀 더 넓게 잡은 느낌이 전달됩니다.

그럼 다시 아까 대화를 살짝 변경해서 이어가 보죠.

#A: 전 그곳에 대해서는 많이 들은 적이 없어요.
지금까지 많이 들은 적이 없는 거예요.
HAVE + pp 기둥이 어울리죠.
→ I haven't heard much about that place.

#그라나다에 뭐가 있죠?
→ What is in Granada?

#B: 유명한 알함브라 궁전이 있죠.
THERE 기둥이 어울리죠?
→ There is the famous Alhambra.

#A: 아! 잡지에서 본 적이 있어요.
> see - seen <
경험이 있다고 하는 거죠.
→ Ah, I have seen it in a magazine.
그냥 DID 기둥으로 말해도 되겠죠.

잡지에서 봤어요!
→ I saw it in a magazine!
"그런 적이 있어요" 말투는 확실히 '경험' 느낌이 나죠?

#그게 스페인에 있구나.
→ That is in Spain.

#그건 몰랐어요.
→ I didn't know that.

#B: 스페인 남부에 있대요.
이렇게 말할 땐 자신도 가보지 않았고,
그 위치도 몰랐다고 말하는 거죠.
남들 하는 말이, apparently. (스텝 09⁰⁷)
→ Apparently it is in the south of Spain.

#저도 안 가봤어요.
자신도 과거부터 지금까지 가본 적이 없는 거죠. 큰 과거로 덮어서
→ I haven't been there either.
either(스텝 07¹⁶) 대화를 더 진행해보죠.

상황) 다른 사진을 보니 유명한 공간이 나옵니다.

#A: 이곳이 그곳이죠! 이름이 기억이 안 나네요.
→ This is that place! I can't remember the name.

#B: 아, 여기는 코모 호수요.
→ Ah, this is Lake Como.

#A: 이름을 항상 까먹어요. 여기 이탈리아에 있죠?
→ I always forget the name! This is in Italy, isn't it?

#B: 네, 저도 이곳 안 가봤어요.
→ Yes, I haven't been to this place either.

#A: 여기는 어땠나요?
→ How was this place?

#B: 안 가봤다니까요. (말했잖아요.)
→ I told you I haven't been there!

HAVE + pp 기둥을 경험을 말할 때 사용한다는 느낌으로 만들고 있나요? 그러면 잘 사용되는 것들로 연습장에서 더 해보죠!

상황) 아이가 친구한테 말합니다.

#나 전에 운전해본 적 있어.

drive - driven

.... I have driven a car before.

#제 아버지 남아공에 가본 적 있으세요.

South Africa

.... My father has been to South Africa.

#누구 찾으시죠? 실장님(여) 점심 식사 하러 나가셨는데요.

look for / go - gone

Who are you looking for?

.... She has gone for lunch.

상황) 파견근무 나온 외국인한테 한국 술에 대해 물어봤습니다.

#외국인: 파전이랑 마셔본 적 있어요, 비 오는 날. 정말 좋았어요.

Pa-jun / try / rainy

I've tried it with Pa-jun

.... on a rainy day. I loved it.

상황) 친구 언니가 독일로 이민 간다고 합니다.

#내 친구도 독일에 갔는데! 어디 지역으로 가?

Hint: 친구는 지금 독일에 가 있습니다.

Germany / part=부분, 지역

My friend has gone to Germany,

.... too! Which part is she going?

#스코틀랜드에 한 번 가봤어요.

....I've been to Scotland once.

#그 책 어때? 나 그 책 작가에 대해 읽어봤는데.

author [어*써]

How is the book? I've read

.... about the author of that book.

135

#난 이 분야에 40년 넘게 있었어.

field [*필드]

.... I've been in this field for over 40 years.

#나 이거 여러 번 해봤어. 걱정하지 마! 내가 알아서
해결할게.

do - done / worry / take care

I've done this many times.

.... Don't worry! I will take care of it.

#걱정 좀 그만할래? 나 전에 요리해본 적 있거든!

cook

.... Will you stop worrying? I have cooked before!

자! HAVE + pp 기둥이 어떤 느낌인지 다 접해본 겁니다. 이제 정리한다는 마음으로 꼬리표 질문을
연습해보죠.

상황) 얼마 전까지만 해도 저한테 노르웨이
출신인 Jane이란 애인이 있었습니다. 친구가
자꾸 묻습니다.

#A: 최근에 네 여자 친구 계
속 안 보이던데.

> recently / see - seen <

→ I haven't seen your girlfriend recently.

#제인이 널 떠났구나, 그렇지?

> leave - left <

→ Jane has left you, hasn't she?
당연히 숨은 기둥이 없으니 hasn't she로 그
대로 질문하는 겁니다.

#걔 가버렸지, 그렇지?

그냥 가버린 상태에 집중해서 말해볼까요?
떠나버린 겁니다.

→ She is gone, isn't she?

#네가 일을 벌였어, 그렇지?

> do - done <

보통 이렇게 말할 때는 예상하고 있던 일을
말하는 거죠. 그래서 영어는 간단하게 it이라
고 한답니다.

→ You have done it, haven't you?

#드니어 네가 일을 벌였구나,
그렇지?

→ You finally have done it, haven't you?

Jane has left, hasn't she?

#야! 너 비행기 한 번도 안 타봤지? (그렇지?)
> plane <

> → Hey! You have never been on a plane, have you?

#뭐, 지금이 네 기회네!

> → Well, now is your chance!

#노르웨이로 비행기 타고 가서 그녀를 되찾아!
> fly <

> → Fly to Norway and get her back!

#포기한 건 아니지, 그렇지?
> give - given / give up <

> → You haven't given up, have you?

#B: 좀 그만할래?

> → Would you stop?

Will you stop? 대신 약하게 한 거죠.

#내가 이미 설명했잖아, 왜 우리가
헤어질 수밖에 없었는지! 내가 안 했어?
> explain / break up <

I have already explained~ 뭘 설명해요?

 WH 1으로 가면 되겠죠, why we had to break up.

> → I have already explained why we had to break up, haven't I?

I've already explained

why we had to break up, haven't I?

> 어떤가요? 다른 기둥과 섞이는데 잘 따라오고 있나요?
> 항상 천천히 감을 잡으며 만든 후에 다시 말하면서 속도를
> 올리면 됩니다. 그냥 문장만 달랑 외워버리면 그 이상을 못
> 가게 되는 경우가 많으니 감을 같이 키우세요. 더 해보죠.

상황) 외국인 친구에게 권합니다.

#A: 이 음식 먹어봐!

먹어보라는 거죠.

→ Try this food!

#한국 음식 먹어봤어?

→ Have you tried Korean food?

#B: 한 번도 안 먹어봤어.

한 번도니까 NOT 대신 좀 더 강하게.

→ I have never tried Korean food.

#A: 정말? 내가 괜찮은 한국 레스토랑에 데리고 가줄게.

→ Really? I will take you to a nice Korean restaurant.

#내가 살게.

→ I will buy! I will pay! 다 됩니다. 또 잘 쓰는 말,

It's my treat.

treat은 선물 같은 겁니다. 좀 더 센스 있게 말하는 거죠. 보통 좋은 것을 사줄 때 잘 쓴답니다.

좀 더 예의를 차려야 하는 사람에게는
"I would love to take you out!" 해서 WILL 기둥을 약하게 낮춰줘도 되겠죠.
'내가 하겠다!'에서 '내가 하고 싶다!'로 바뀌는 겁니다. 이성한테 쓰면 데이트 신청이 될 수도 있는
말이겠죠? 좀 더 해볼게요.

상황) 동료들과 동물들에 대해서 말합니다.

낙타 타본 적 있으세요?

> camel / ride - rode - ridden [*리튼] <

"Did you ride a camel?"이라고 하면
"낙타 탔어요?"가 됩니다. 어색하죠? 그래서
과거를 크게 덮어서 지금까지라는 시간 사이
에서 타본 적이 있느냐고 물을 때는 HAVE +
pp 기둥이 더 잘 어울립니다.

→ Have you ridden a camel?

그런데 낙타 타는 것은 흔히 있는 일이 아니잖
아요. 그래서 그런 질문을 할 때 자주 붙이는
액세서리 단어가 있습니다.
'한 번이라도' 타본 적 있으세요?
지금까지 한 번도 없었다면 never지만,
한 번이라도 있었다면? ever! (스텝 16¹³)
Have you ever ridden a camel?
보통 이렇게 자주 하지 않는 것을 질문할 때는
ever를 잘 붙인답니다.
ever로 좀 더 만들어보죠.

상황) 진짜 새로운 것을 보여주며 해보라고 합
니다.

너 이거 한 번이라도 해본 적 있어?

→ Have you ever done this before?

본 적은 있어?

→ Have you ever seen it?

고개를 흔듭니다. 해보라고 건네줬더니 잘합니다.

너 잘하네.

'실력 좋네'라고 하는 거죠.

→ You are good!

그런데 가르치는 나보다 훨씬 더 잘해요!

너 이거 전에 해봤지! 그렇지?

→ You have done this before,
→ haven't you?

You are making me look bad!

네가 만드는 중이죠 / 나를 / 안 좋아 보이게.
→ 내가 못하는 것처럼 보이잖아! 내가 안 좋
게 보이잖아!
이렇게 농담으로 잘 말한답니다.

#A: 이 영화 무조건 봐야 해!

> → You must watch this movie!

#B: 나 봤어.

> → I've seen it.

#이미 봤어.

already 등은 특별하게 비출 곳이 없으면 간단하게 기둥 뒤에 넣으면 되죠?

> → I have already seen it.

상황) 동료에게 말합니다.

#나 방금 연구개발팀에 갔다 왔는데.

> **연구 개발팀**은 영어로?

연구: research [*리'써~치] **개발**: development [디'*벨롭먼트]

둘이 합쳐 R&D라고 부릅니다. <

연구개발팀에 갔다 왔으니 in을 붙여 '그 안에 있었다'는 말보다는 방향 껌딱지로 그

곳을 가리키며, '내가 그리로 갔었다'는 느낌으로 전달해서, to 연구개발팀.

> → I've just been to R&D.

#내가 거기서 뭘 들었는지 알아맞혀 봐!

명령 기둥이죠?

Guess~ 뭘 들었는지 모르죠? 그 얘기는 안 하고 있잖아요.

> extra   WH 1으로 붙이면 되니, what I have heard in there!
>
> WH 1으로 붙이는 방법은 똑같죠?
>
> → Guess what I have heard in there!

예문 하나 더 볼게요.
상황) 연봉이 매우 높아졌습니다.
#이게 가장 센 연봉이네.
> big salary [살러*리] <
→ This is the biggest salary~
말하며 생각해보니 지금까지 받은 것 중 가장
많아요. 열차로 연결해보죠.
#내가 지금까지 받은 것에서!
> get - got <
→ That I have ever got!

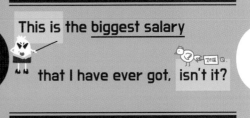

#내가 지금까지 받은 것에서 이게 가장 센 연봉이네!
→ This is the biggest salary that I have ever got!
HAVE + pp 기둥을 열차로 연결한 것뿐입니다!
기둥만 바뀔 뿐이지 WH 1이나 열차나 다 같은 방식인 거죠. 열차는 할 말이 많아서
계속 연결하는 것이라고 했습니다. (스텝 12[07])

집에 가서 말합니다. 그러자 반응!
#이게 가장 센 연봉이네,
→ This is the biggest salary,
#당신이 지금까지 받은 것에서,
> receive <
→ that you have ever received,
#그렇지?
→ isn't it?
아하! 'Haven't you?'로 안 갔죠?
첫 기둥이 'This is~'였으니 그것을 뒤집는 것은 영어에서 당연한 상식입니다!
HAVE + pp는 엑스트라 자리에 기둥 문장으로 달린 것뿐이잖아요!
아는 만큼 보인다!

이제 여러분도 HAVE + pp 기둥의 문법적인 내용은 별로 중요치 않다는 것이 보이
죠? 오히려 기둥들 섞고 다른 재료들 엮고 그런 것이 더 중요합니다. 빨리 엮고 뺄수
록 영어가 능숙해지는 거죠.

HAVE + pp 기둥까지 왔으니 못 만들 말이 없습니다! 아무 주제나 두고 대화를 만
들어도 되고, 동시에 대화 번역을 연습해봐도 됩니다! 메시지 전달에 집중하세요!

141

1811

전치사

by 3탄

"The world will not be destroyed by those who do evil, but by those who watch them without doing anything."

– Albert Einstein

우리 껌딱지 by 기억나죠? 다중 작업하는 껌딱지. 지금까지 2개를 접했습니다.
잠깐 복습을 위해 Einstein이 한 말을 읽어볼까요? 항상 앞에서부터 번역하세요!

#The world will not be destroyed by those who do evil, but by those who watch them without doing anything.

The world 세상은
will not be destroyed 망가지지 않을 것이다.
by those 저것들에 의해
who do evil, 열차 나가죠. who로 시작하니 those가 사람을 말한다는 것을 알 수 있죠? 악한 짓을 하는 사람들에 의해 세상은 망가지지 않을 것이다.
but 이 사람들이 아니라, 상반되는 이야기를 하려고 하죠.
by those 누구에 의해서? 저 사람들인데 열차 또 나가죠?
who watch them 지켜보는 사람들에 의해서
without doing anything. 없이, 뭐가 없이? 아무것도 하는 것 없이.

이미지 그려졌나요? 그럼 다시 한번 읽어보세요.
세상은 악한 짓을 하는 이들에 의해서가 아니라 아무것도 하지 않은 채 바라보기만 하는 사람들에 의해 망가질 것이다. 이런 메시지죠?

by 쓰임새 보이나요?
#이것은 이루어질 것이다.
      → This will be done.
#당신에 의해서.
이루어지는 것이 당신이라는 '도구'에 의해서니까 by를 쓸 수 있는 거죠.
      → By you.
by는 그렇게 넓게 쓸 수 있었습니다. 좀 더 해보죠.

The world will not be destroyed

but by those who watch them

by those who do evil,

without doing anything.

#우리 주식 좀 봐.
> stock <

→ Look at our stock.

#숫자가 올라가는데, 초마다 올라가네.
쉽지 않은 문장입니다.

> number / increase [인크*리즈]=증가하다, 늘다 / second <

→ The number is increasing, but it's increasing~

올라가는데 '초'를 도구로, '초'가 움직이는 대로 올라가는 겁니다. 껌딱지 붙여서 → by the second.
by bus처럼 '버스를 타고 간다' 식의 도구는 쉽지만 이런 것은 적응하고 연습해야 사용할 수 있습니다.
그래도 많은 껌딱지들 중 정작 이 말에 가장 어울리는 껌딱지는 by잖아요.

→ The number is increasing, but it's increasing by the second.

자! 다음 문장을 영어로 만들어보세요.

#'Play by the rules'란 구절 들어보셨나요?
> phrase [*프*레이즈] <

긴 타임라인을 두고 들어봤느냐고 묻는 것이니, DID 한 번 들은 것 말고, HAVE + pp 기둥으로
질문하면 타임 프레임이 크게 잡히겠죠.

→ Have you heard the phrase 'Play by the rules'?

play를 하는데 by the rules, 규칙을 도구로 하는 겁니다. 우리말로는 규칙대로 놀자는 것인데, 일
상에서 말하면 '규칙대로 해라, 원칙대로 해라' 이 말입니다.
인생을 '게임'이라고 표현하는 말 종종 듣죠? 그래서 play라고 말하는 것입니다.
때로는 play라고 하지 않고, live라고 하기도 합니다. **Live by the rules.**
실제 사용해보죠. 대화로 만들어보세요.

상황) 청소년 아들이 음악을 하더니 좀 유명해졌다고, 제멋대로입니다.

#너 지금 몇 시인지 알아?

→ Do you know what time it is now?

#뭐, 이제 네가 유명인이라고?

> celebrity [쎌'러브*리티] <

비꼬는 감정을 섞어 그 감정 그대로 말하면 됩니다.

→ What, you are a celebrity now?

#난 네가 유명하든 말든 상관 안 해.

> famous / care <

→ I don't care whether you are famous or not.

#넌 내 아들이고, 아직 미성년자야!

> underage <

→ You are my son, and you are still underage!

#그러니 내 지붕 밑에 있을 땐, 내 법칙대로 살아야 돼.

> roof / rules / live <

So when you are under my roof, you have to live~

extra   살아야 하는데, 방식은 내 법칙대로 살아야 한다는 거죠, by my rules.

→ So when you are under my roof, you have to live by my rules!

#11시 전까지는 집에 와야 돼, 알았어?

→ You have to be home by 11, okay?

11시 전까지! by 2탄에서 배운 거죠. by는 누가 도구 아니랄까 봐 이렇게 사용법이 하나 더 있었잖 아요. until과 달리 '마감 시간'을 지정해주는 느낌의 by. (스텝 17^{09})

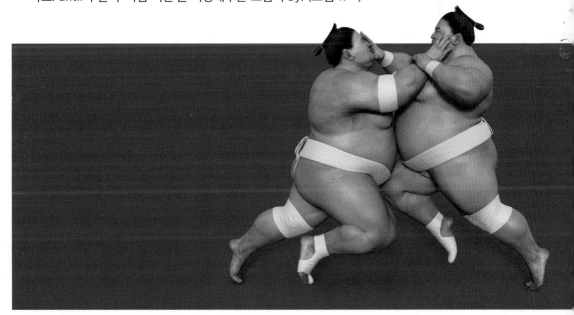

자! 단순히 2개로 다중이라는 명칭이 어울리겠습니까? 마지막 사용법 하나 더 들어갑니다. 매우 쉬우니 편하게 보면 됩니다. 노래로 해보죠. 많이 들어봤을 노래인데 초반 가사로는 무슨 노래인지 모를 수 있어요. 그런 경험 많죠? 영어 노래를 좋아하는데, 가사 뜻은 잘 모르고 부른 경험.

이제는 가사 뜻을 이해하면서 부를 수 있겠죠? 그럼 가사 볼게요. 이미지 그리면서!

#When the night has come
언제 / 밤이 왔을 때, HAVE + pp 기둥이죠.

#And the land is dark
그리고 땅이 / 어두울 때

#And the moon is the only light we'll see
그리고 달 = 유일한 빛인데

We'll see, WILL 기둥이 곧바로 나오죠. 유일한 빛인데 열차 연결해서 우리가 볼 수 있는 유일한 빛이라고 하는 거죠. 이미지 그려지세요?

#No, I won't be afraid
아니, 난 두려워하지 않을 거야

#Oh, I won't be afraid
난 두려워하지 않을 거야

#Just as long as you stand,
Just as long as 들어가죠. (스텝 12[08])
그냥 네가 서 있는 한

stand by me
서 있는데 by me. 이것이 바로 by 3탄입니다. '옆, 내 옆'이라는 뜻입니다.
네가 내 옆에 서 있기만 한다면~~

인생을 길로 표현했을 때 어둠이 와도 네가 옆에 있다면 두려워하지 않을 것이라는 거죠.
〈Stand by me〉 노래 들어봤나요?

#후렴은 영어로? chorus [코*러스]
chorus 불러볼까요?

#So darling, darling
그래서 달링, 오글거릴 수 있지만 영어는 애칭을 잘 부른다고 했죠? 우리도 '자기'라는 애칭으로 부르듯이 영어는 darling, baby, sweetie, honey 등 다양하게 부릅니다.

너만 옆에 있으면 난 괜찮으니, 그러니

Stand by me, oh stand by me
명령 기둥. 이미지 그려지죠?
옆에 있어달라는 거죠? 후렴 반복됩니다.

Stand By Me. 이제 노래방 가면 알고 부를 수 있겠죠? 이렇게 노래 가사를 영어 자료로 봐도 재미있답니다.

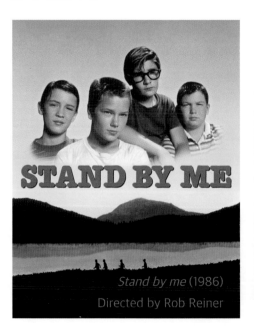

Stand by me (1986)
Directed by Rob Reiner

자! by 3탄. 그럼 이것이 우리가 배운 껌딱지 beside와 뭐가 다를까요?
영영사전에서 어떻게 설명하는지 봅시다.

Someone or something that is by something else is beside it and close to it.
그냥 읽으면 정신없죠. 천천히 뜻을 이해하면서 읽으셔야 합니다.

Someone or something 누군가 / 혹은 무엇인가
that is by something else is IS 기둥 보이죠? 그러면 열차로 연결한 거죠. 누군가나 무엇
인가가 = by something else. 다른 무엇인가에 by 하고 있다는 것은
beside it and close to it. 그것의 옆에 있으며, 그것과 가까이 있다는 것이다.

자, some이 많아서 그렇지 별것 아니에요. 다시 읽으면서 그림으로 그려보세요.
someone이나 something이 something else, 다른 무엇에 by 하고 있다면, beside it 옆에 있고,
close to it 가까이 있다는 것이다.

이미지 그려졌나요? 영어사전에서 영영 번역은 항상 어렵답니다. 사전에는 항상 someone과
something이 많이 나올 수밖에 없어요. 그냥 사람과 물건 등으로 이미지 그리면 됩니다.
줄여서 sn 혹은 sth라고도 쓰는데, sn은 someone, sth는 something의 줄임말입니다.

자! 저 헷갈리는 영영 설명의 by를 보니, by it은 beside it과 같은 것이라잖아요.
우리말로 '곁에 있을 때' 하면 그 느낌이 오죠? 곁이라면 옆이 되지만 꼭 나란히 옆일 필요는 없는
거죠. 다음 상황에서 또 비교해봅시다!

<Stand by me>를 제목으로 한 영화도 있답니다. 4명의 소년들이 모험을 떠나 경험을 통해 성장
하는 내용을 그린 영화. 친구 관련된 quote 한번 볼까요?

Anyone can stand by you when you're right, but a true friend will stick by you, even when you are wrong.

Anyone can stand by you 어떤 누구든 / 설 수 있다 / 네 곁에
when you're right. 언제 / 네가 옳을 때,
but a true friend will stick by you. 하지만 진정한 친구는 / 붙을 것이다 / 네 곁에
even when you are wrong. even when, 언제라도 / 네가 틀렸을 때에도.
어떤 누구든 당신이 옳을 때는 당신 옆에 설 수 있지만, 진정한 친구는 당신이 틀렸을 때에도
당신 옆에 붙어 있을 것이다, 라는 말이죠.

stick은 사람들 사이에도 많이 쓰는 단어입니다.

응용해볼까요?

#네 여자 친구는 의리가 있네.

> loyal [로열] <

→ Your girlfriend is loyal.

#쟤는 네 곁에 계속 있겠다.

She will stick~으로 쓰면 간단하죠?

→ She will stick by you.

무슨 문제가 생기든 간에.

→ No matter what.

통째로 기억하는 것이 더 편합니다. '무슨 일이든 간에'라는 뜻입니다. 또 보죠.

I have been **nothing**
아무것도 아니었다

but loyal to you.
이거 빼곤

읽은 후에 상상하면서 메시지를 전달하세요!

#전 제 평생 동안 선생님 곁에 있었습니다.

> stand - stood <

큰 과거 덮어서 지금까지 그랬다는 거죠.

HAVE + pp 기둥 느낌이 전달되나요?

→ I have stood by you for all my life.

#선생님에 대한 충성을 빼면 전 아무것도 아니었습니다.

> loyal [로열]=의리 있는, 충성스러운 <

우리는 '그거 빼면 시체'라는 말도 잘 쓰죠? 영어는 Nothing but this, '이거 빼고는 아무것도 아니었다'라고 합니다.

→ I have been nothing but loyal to you.

#저에게 어떻게 이러실 수가 있죠?

→ How could you do this to me?

by 자체는 어렵지 않죠? 'Stand by me'나 'Stand beside me'나 편하게 생각하면 됩니다. 그럼 다음 껌딱지들을 상상하며 읽어볼까요?

#Hand in Hand
손 안에 손. 우리말로?
손을 잡고서~ 서로 손잡고.

#Heart to Heart
마음이 (여기서는 심장보다는 '마음'이겠죠.)
마음이 어디로 향해요? 마음으로.
이것은 우리말로?
'터놓고'라는 뜻입니다.
재미있죠?

#Side by Side
옆인데, 옆의 옆인 거죠.
이미지 보이세요? 우리말로?
나란히~
껌딱지들도 참 알뜰하게 말을 만들죠?
다 자주 쓰는 말입니다.

> 그럼 이제 연습장에서 자주 쓰는 문장들을
> by로 만들어서 연습해보세요.

연습

#A: 내 폰 어디 있지? 본 적 있어?
see - seen

.... Where is my phone? Have you seen it?

#B: 어, 창문 옆에 있어.

.... Yeah, it's by the window.

#만약 무슨 일이든 일어나면, 내 옆에 서 있어. 널
보호해줄게.
happen / protect [프*로텍트]

If anything happens, stand
.... by me. I will protect you.

#누구 찾으세요? 원장 선생님은 접수처에 서 계시는
분이에요.
principal [프*린씨플] / reception [*리'셉션] / stand

Who are you looking for? The principal
.... is the one who is standing by the reception.

어머님은 항상 바닷가 옆에 있는 집을 원하셨죠.

seaside

.... My mom has always wanted a house by the seaside.

상황) 가족이 같이 있는데 남동생이 안 보입니다.

누나: 저기 있네!

.... There he is!

엄마: 어디?

.... Where?

누나: 저~기 신문꽂이 옆에 있잖아!

newspaper stand

.... He is over there by the newspaper stand!

묘지는 교회 옆에 있어요.

cemetery [쎄메터*리] / church

.... The cemetery is by the church.

우리 캠핑 갔던 거 기억나? 우린 불 옆에 앉아서
노래를 불렀지.

camping / remember / fire / sing

Do you remember when we went camping?
.... We sat by the fire and sang.

넌 차 옆에서 기다려야 될 것 같아. (그게 좋을 거 같아.)

wait

.... You should wait by the car.

상황) 사내 부부가 이혼했습니다.

그 사람들 같은 부서에서 나란히 일할 수 있나?

department [디'팔~트먼트]

Can they work side by side
.... in the same department?

어디 가지 마. 내 옆에 계속 있어.

.... Don't go anywhere. Just stay by my side.

150

돌아보면 '옆'을 말할 수 있는 껌딱지가 여러 개 있습니다.

next to (스텝 09[17])

beside (스텝 11[15])

이 둘도 '옆'을 말할 때 잘 꺼내 쓰는 껌딱지였죠.

일일이 서로 분리해서 나누기에는 영어 하는 사람들도 이 사이에서 논쟁을 한답니다. 그러니
외국어를 하는 우리로서는 그냥 편하게 많이 쓴 문장들에 적응하면 됩니다.
그리고 말할 때는 아는 것으로 골라 쓰면 되는 거죠.

문장을 통째로 외우지 말고, 이미지를 그리면서 그 껌딱지 느낌에 친숙해지세요.
그러면 편하게, 나온 예문들로 기둥을 바꿔가며 연습해보세요.

18 12

현재완료 진행시제

BEEN + 잉

HAVE + pp 기둥은 항상 편하게 접해야 합니다.
다른 곳에서 복잡한 설명이 나오면 피하세요!
다양하게 다른 기둥과 엮여서
얼마나 유용한 기둥인데 싫어하면 안 되겠죠?
그럼 이번엔 그런 유용한 상황을 한 번 더 볼게요.

152

BE + 잉 기둥은 언제 쓰는 것이었죠?
지금 당장 뭐 하는 중일 때 쓰는 것이었습니다. 그렇죠?

#저 영어 공부하고 있어요.
→ I am studying English.

그럼 다음 문장 보죠.
전 지난 20년 동안 영어 공부를 하고 있는 중이에요.
지금 하고 있는 중인데, 지난 20년 동안도 계속한 거죠. 타임라인을 크게 덮는데, 지금도 끝나지 않고 계속 진행 중이에요. 이런 느낌을 주기 위해 기둥을 엮을 수가 있습니다.
Have + pp 기둥과 BE + 잉 기둥을 엮는 거죠.

이때는 pp에 been을 넣어서 엮으면 됩니다.
→ I have been studying English for the past
   20 years.
'20년'은   for 20 years
'지난 20년'은   for the past 20 years

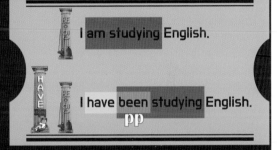

DID 기둥으로 할 경우에는 현재까지 확실히 못
가지고 오죠? 현재도 하는 중이란 말을 할 수 없잖아요.
물론 다른 기둥으로 말해도 메시지 전달은 다 됩니다.
#전 영어 공부해요. 20년 전에 시작했어요.
→ I study English. I started it 20 years ago.
#전 20년 전에 영어 공부를 시작했어요. 지금도 하고 있어요.
→ I started studying English 20 years ago. I am still studying it.
대신 HAVE + pp 기둥을 알면 굳이 두 문장이 아닌 한 문장으로 끝낼 수 있겠죠.
→ I have been studying English for the past 20 years.
또 해볼까요?

창밖을 보면서 말합니다.
#A: 비 오네.
> → It's raining.
#B: 응. 몇 시간 동안 내리고 있는 거야.
지금도 내리는데 과거 크게 덮어서 계속 내리고 있었다는 거예요. HAVE + pp 기둥이 어울리죠?
> → It has been raining for hours.

이번에는 대화를 만들어보죠.
#A: 너 어디야?
> → Where are you?
#B: 사무실이야. (일이면 어디든 그냥 work에 있다고 할 수 있답니다.)
> → I am at work.
#A: 아직도?
> → Still?
#B: 응. 하루 종일 일하고 있어.
지금도 일하고 있죠. 과거 크게 커버하고 지금도 하는 중이니,
> → Yes, I have been working all day.

이번에는 살짝 비교해볼까요?

상황) 하루 종일 애인을 생각했는데 전화가 왔습니다.

#A: 뭐 해?

지금 뭐 하고 있느냐고 묻는 거죠.

　　　　→ What are you doing?

#B: 네 생각 하고 있었어.

　　　　→ I was thinking about you. 그냥 이렇게 말해도 됩니다.

이러면 방금 전까지 생각하고 있다가 전화가 와서 끊긴 느낌.

#A: 그래?

　　　　→ Yeah?

#B: 사실 하루 종일 네 생각 하고 있었어.

자기 말을 정정한 거죠.

　　　　→ Actually, I have been thinking about you all day.

이미지가 살짝 달라지죠? 더 크게 지금까지 잡아준 겁니다.

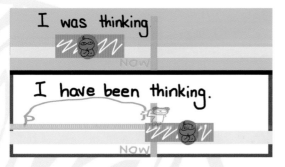

그래도 전화를 받으면서 생각을 끝냈으니 현재까지 오는 HAVE + pp
는 아니지 않으냐고요? 방금 전까지 그랬기 때문에 멈춰도 진행되는
느낌이 남아 있는 거죠. 그래서 HAVE + pp 기둥을 사용할 수 있는
겁니다.

HAVE + pp 기둥은 이렇게 과거인데 현재까지 **영향을 준다는**
느낌이 들 때 잘 사용해요. 그래서 방금 끝난 것에도 잘 써준답니다.
보세요.

상황) 방금 달리기 하고 들어와서 숨을 헐떡입니다.

#A: 너 얼굴이 빨개! 왜 숨을 헐떡거려?

> pant [판트/팬트]=(숨을) 헐떡이다 <

→ Your face is red! Why are you panting?

#B: (왜냐하면) 달렸으니까.

바로 방금 전까지 달린 겁니다. 멈췄지만 지금도 영향을 확실히 끼치고 있으니 좀 더 진행되는 느낌인 거죠.

→ Because I have been running.

좀 더 쉽게 해보죠.

#난 내 열쇠가 어디 있는지 모르겠어.

→ I don't know where my key is.

#1시간 동안 찾았는데도 못 찾겠어.

계속 하고 있었던 중이고 지금도 찾고 있는 중입니다.

→ I have been looking for it for an hour, but I can't find it.

복잡하지 않죠? 지금도 진행 중이라는 느낌을 더 주고 싶다면 기둥을 꺼배기 할 수 있는 겁니다.
그럼 연습장에서 비슷한 것으로 직접 만들면서 친숙해지세요.

상황) 친구 둘을 소개해줬는데, 몇 달 뒤 한 명에게서 연락이 왔습니다.
#(내 생각엔) 네 "친구"가 날 이용해왔던 거 같아!
use

.... I think your "friend" has been using me.

#재(남) 하루 종일 싱글거리고 있어.
grin [그*린]

.... He has been grinning all day.

#내가 너 때문에 감옥에서 살았어! 그것에 대한 대가를
네가 치르게 할 거야!
prison [프*리즌] / pay / make

I have been living in a prison because
.... of you! I will make you pay for that!

#너희들 지난 2시간 동안 이 게임 했잖아! 이제 그만할
때야.

You guys have been playing this game
for past two hours! It's time to stop.

#저희는 당신을 기다려왔습니다.
wait

.... We have been waiting for you.

상황) 스토커가 경찰에 잡혔습니다.
#(나도 몰랐는데 들어보니까) 개(남)가 날 매일
지켜보고 있었대나!
watch

.... Apparently he has been watching me every day!

#나에 대해서 다 알고 있더라니까!

.... He knew everything about me!

#나 지금 완전 기겁하는 중!
freak [*프*릭] out

.... I am totally freaking out right now!

157

우리 BE + 잉 기둥 배울 때 "I am loving it" 배웠죠? (스텝 06⁰⁶)
어떤 do 동사들은 진행 중이라는 말을 잘 쓰지 않는다고 했습니다.

이미 DO/AM 기둥과 BE + 잉 기둥의 차이 배웠잖아요. HAVE + pp에 [잉]을 더한 것은 그것과 비슷하게 보면 됩니다. 스텝 06²³에서 배운 것으로 해보죠. 만들어보세요.

#제 친구는 맨체스터에 살아요.
→ My friend lives in Manchester.
상황) 친구는 거기에 오래 있을 것이 아니라 잠시 동안만 뭔가 진행되는 동안 살고 있어요.
#제 친구는 맨체스터에서 살고 있어요.
→ My friend is living in Manchester. 이렇게 말해도 된다고 했죠?
HAVE + pp에 엮을 때도 이 느낌 그대로 가는데 대신 큰 과거를 끌고 가는 것뿐입니다. 보세요.

We live here. 우리는 여기서 살아요. 이 말을,
저희는 여기서 1년 넘게 살았답니다.
→ We have lived here for over a year.
We are living here. 우리는 여기 살고 있어요. 이 말을,
저희는 여기서 1년 넘게 살고 있어요.
→ We have been living here for over a year.
이게 다예요. 별것 없습니다.

더 만들어보세요.

#A: 너 덩치가 커졌네!
'덩치'라는 말 없이 you만 해도 되죠. 상대방이 커졌잖아요.
→ You got big! 원하면 이것도
→ You've got big! 이렇게 할 수 있겠죠?
#B: 네. 근래에 계속 운동했어요.
> recently [*리센틀리]=최근에 / work out <
→ Yes, I have been working out recently.

"I miss you"란 말 대신 "I have missed you",
"I am dating her"란 말 대신 "I have been dating her"처럼
확실히 과거를 크게 덮어서 지금까지 가져오는 느낌이 있을 때 HAVE + pp만 합치면 끝!

그럼 마지막으로 엮는 것 하나 더 하고 정리하죠.

#그 나라의 아이들은 끔찍한 환경에서 생활하고 있습니다.

> horrible / condition <

전부터 그렇게 살았고, 지금도 그렇게 살고 있는 중입니다. BE + 잉 보이죠?

HAVE + pp에 BE + 잉을 엮으면 '지금까지 그러는 중'이라는 메시지가 전달되겠죠?

누가? 아이들이, children.

그 나라의 아이들이죠, in that country.

카멜레온도 길게 들어가도 되죠?

기둥, have been living.

끔찍한 환경, in a horrible environment?! 이럴 때는 condition이란 단어를 잘 씁니다. condition은 변할 수 있는 '환경'을 뜻해요. 환경도 분류를 한 거죠.

우리가 말하는 자연 환경, 가족 환경은 environment [인'*바이*런먼트].

하지만 사람이 노력해서 바뀔 수 있는 환경이나 상태는 condition.

→ Children in that country have been living in horrible conditions.

어렵지 않죠?

그럼 BE + 잉 기둥으로 예문을 만들고,

그것을 오래전부터 계속 지금까지 해오는 느낌으로 HAVE + pp에 엮으면서 직접 만들어보세요!

18¹³

ly 부사

LATELY

상황) 누가 옆에서 통화 중입니다. 엿들으면서 영어로 통역한다 생각하고 빨리 만들어보세요. 틀릴까 걱정하지 말고 만드세요. 단어를 모르면 최대한 메시지 전달에 집중!

나 내일 아침에 여기 없을 거야.
… 회의 내일 있는 거 알아.
그 전엔 올 거야.
… 어디 가느냐고?
지금은 못 말해주고. 내가 가기 전에 말해줄게.
… 아~ 다 이유가 있어서 그래~~
그만 물어봐!
… 알았어!
그럼 내가 이따가 말해줄게.
… 이따가 언제?
아~ 이따가 ~!
… '조금 이따가'가 '조금 이따가'지!

메시지 전달됐다고 생각하면 통과!
만약 메시지 전달 잘못된 거면 어떻게 해요? 어쩔 수 없어요.
어린아이가 영어로 말하기를 시작한 지 얼마 안 되었는데 틀릴까 봐 자꾸 입을 다물어요.
그럼 여러분은 무슨 조언을 해줄 건가요? 외국어로 말할 때는 틀려도 자신감이 흔들리지 않을 담력도 키워야 합니다! 그것도 실력입니다!

그럼 이번에는 같은 상황을 slow motion으로 돌린다고 상상하면서 천천히 만들어볼까요?

#나 내일 아침에 여기 없을 거야.

→ I won't be here tomorrow morning.

#회의 내일인 거 알아.

→ I know that the meeting is tomorrow.

#그 전엔 올 거야.

누가 와요? 카멜레온 잊지 말아요! 구조는 항상 지키면서 가세요!

→ I will be back before.

#어디 가느냐고?

→ Where am I going?

#지금은 못 말해주고, 내가 가기 전에 말해줄게.

→ I can't tell you now, I will tell you before I leave.

#아~ 다 이유가 있어서 그래~

→ There is a reason!

해도 되고 나만의 이유가 있으니

→ I have my reasons! 이렇게도 잘 말합니다.

#그만 물어봐!

→ Stop asking!

#(포기하며) 알았어! 내가 이따가 말해줄게.

감정 실어서 말해보세요.

→ Fine, I will tell you later.

#이따가 언제?

메시지 전달하려고 해보세요! 번역하려 하지 말고 아는 단어로 메시지 전달!

→ Later when?

딱 이렇게 쓴답니다.

#아~ 이따가~!

→ Ah~ later!

#'조금 이따가'가 '조금 이따 가'지!

메시지 전달!

→ 'Later' is later!

더 이상 질문하지 못하게 할 때 이렇게 잘 쓴답니다.

또 잘 쓰는 말.

→ 'Later' means later!

later란 의미가 later라는 거죠.

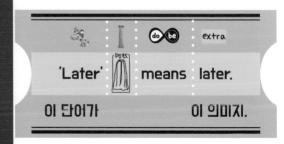

하나만 더 접해볼까요?

#안 돼!
→ No!

#안 된다고 했다! 우리말로는 "했다"로 끝나지만 말했다고 하는 거죠?
→ I said, "No!"

#안 된다는 말 못 알아들어?
→ Don't you understand what 'no' means? 이렇게도 되고 영어에서 간단하게 잘 쓰는 말.
→ **'No' means no!**
No 뜻은 No다! 더 이상 어떤 의미인지(mean) 설명 안 하겠다는 거죠.

까다롭게 굴면서 화를 낼 때 또 쓰는 말.
#너 뭐가 이해가 안 가니? 영어로?
→ What don't you understand?
#What part of NO don't you understand?

What part~ 무슨 파트를 말하느냐는 거죠?
한 번 더 들어가서, of NO.
No에서 어떤 부분이 이해가 안 되느냐는 겁니다.
아니라고 했는데, 이 단어에서 어떤 부분이 이해가 안 가길래 자꾸 그러느냐고 짜증을 내는 거죠. 몰아세워서 미안하면 표현하면 돼요. 만들어보세요.

What don't you understand?

못 알아들어? 어느 부분?
What part of NO

don't you understand?

#미안해. 그냥 네가 계속 물어보니까.
→ I am sorry. It's just that you kept asking.
It 방금 전의 일이 생긴 이유가 = 네가 계속 물어서 그렇다는 거죠.

#내가 나중에 말해줄게, 알았지?
→ I will tell you later, okay?

내가 그런
이유가 =
It is just that you kept asking.
다른 게 아니라 그냥

의외로 통화할 때 보면 모르는 단어 없이 쉬운 단어만 있는데도 그런 것들로 기둥들을 다르게 해야 하니까 그게 의외로 더 어렵죠? 원래 그렇습니다.
그럼 이번에는 살짝 다른 것을 해볼까요?

어떤 문장에서 late라는 단어에 ly가 붙은 것을 봤어요. **lately** 무슨 뜻일까요?
이건 그냥 slowly 같은 게 아닙니다! 말이 안 되거든요. 이유는 오히려 방해가 되니 그 설명 치우고
lately를 먼저 사전에서 확인! '최근 들어, 최근에, 얼마 전에'.
이렇게 기억하고 바로 문장 만들어보죠.

#최근 들어 그를 보지 못했어요.
→ I haven't seen him lately.

HAVE + pp 기둥 썼으니 과거부터 지금까지 크게 덮어서, 그를 보지 못했는데, lately '최근 들어'
그렇다는 거죠. 이렇게 타임라인 뒤쪽으로 말을 할 때 lately라고 합니다. 또 볼까요?

#최근 잠은 잘 자고 있나요?
이 말을 못 만들겠으면 문장을 쌓아보세요.

#1. 어젯밤에 잘 잤어?
→ Did you sleep well last night?
#2. (보통) 잘 자?
→ Do you sleep well?
#3. 잠 잘 자고 있어?
→ Are you sleeping well?
#4. 최근 잠은 잘 자고 다녀?
과거 크게 덮어서 지금도 잘 자는 중이냐고 할
때는?
→ Have you been sleeping well
lately?

상황) 친한 단골손님이 오랜만에 왔습니다.
#어디 다녀오셨어요?
과거부터 지금까지 크게 덮으면 좋겠죠?
→ Where've you been?
→ Where have you been?

#(저희가) 근래 들어 못 뵀
어서요.
> see around <
→ We haven't seen you around
lately.

lately라는 단어는 과거부터 최근까지의 '시간'
을 덮는 것이니 HAVE + pp 기둥과 다닐 수밖
에 없겠죠?

다음 것도 문장 쌓아보죠.

#1. 너 산만해 보인다.

> 산만하다'는 distract [디'스트*락트] <

너 행복해 보인다. → You look happy.

전체적으로 그렇게 "보인다"고 할 때는

　　　→ You seem happy.

attract는 매력적으로 끄는 것인데, distract
는 끌리고 싶지 않은데 방해하는 식으로 주의
가 끌리는 겁니다. 당하는 상태니까 pp로.

　　　→ You seem distracted.

이게 자연스럽게 이해가 되면 많이 아는 겁니다.

#너 근래 들어 산만해 보이는데.

똑같은데 시간을 좀 더 크게 잡아준 것뿐입니다. 기둥만 바꾸면 되겠죠?

　　　→ You have seemed distracted lately.

#무슨 일 있어?

　　　→ Is something wrong?

별것 없죠? 또 해볼게요.

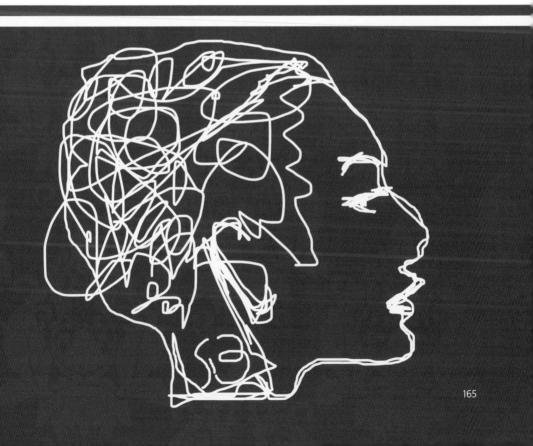

#최근에 할머니 보러 간 적 있어?

질문이죠. 기둥 그대로 들어가면 돼요.

→ Have you been to see Gran lately?

굳이 to see 말고 방향 껌딱지로.

#최근에 할머니한테 간 적 있어?

→ Have you been to Gran lately?

Have you gone to는 안 됩니다. 그러면 지금 앞에 없는 거죠. (스텝 18[10])

Have you been to see Gran lately?

Have you been to Gran lately?

또 해보죠.

상황) 공부를 안 하고 미루었습니다.

#A: 너 이거 아직도 어떻게 말하는지 몰라?

→ You still don't know how to say this?

#B: 배우는 중이야! 그런데 최근에 할 일이 많았단 말이야.

→ I am learning! But I have had a lot of work lately.

말할 때는 I've had로 말하게 됩니다.

#그래서 조금 뒤처졌을 뿐이야!

'뒤처지다' 메시지 전달!

→ So uh, I am just a little behind!

뒤에 있는 거죠. 자주 쓰는 말이랍니다.

여기 있어야 함

I'm supposed to be here

뒤처졌어!
I am behind!

가이드에 나오는 말들은 이제 스스로 분해해도 다 감을 잡을 수 있는 레벨입니다.

lately 스텝이 맞나 할 정도로 lately는 쉽죠?

그럼 자주 쓰이는 lately로 연습해보세요.

상황) 손님이 왔는데, 남편이 그냥 나가버렸습니다. 당황한 아내가 손님에게
말합니다.

#아내: 사과드릴게요. 요새 약간 다운되어 있어요.
apologise / down

.... I apologise. He's been a little down lately.

#근래에 바람이 많이 불었어, 그렇지?
Hint: It is windy.

.... It's been windy lately, hasn't it?

#교사: 최근 들어 아드님의 태도가 좋아졌습니다.
attitude [아티튜드]

.... Your son's attitude has got better lately.

#의사: 최근에 감기 걸리신 적 있으세요?
have cold

.... Have you had a cold lately?

#너 근래에 매우 수다스러워진 거 알아?
chatty

Do you know that you've
.... been very chatty lately?

#내가 근래 누구를 만나고 있는데.
see

.... I've been seeing someone lately.

#제가 다운된 것이 근래 집사람이랑 너무 많이
다퉜거든요.
wife / fights

I am down because I've been having
.... too many fights with my wife lately.

#내가 최근에 좀 어렵게 굴었지? (그렇지?)
difficult [디*피컬트]

.... I have been difficult lately, haven't I?

lately는 시간 엑스트라로 뒤에 붙듯이 배경으로 앞에도 나올 수 있겠죠?
잠깐 접해볼게요.

#A: 최근 들어, 나 좀 게을러졌었어.

> lazy <

→ Lately, I've been lazy.

#B: 그래? 자신을 위해 목표를 정해놓으면 좋을 거야.

> goal / set <

무슨 기둥? 조언이니까 SHOULD 기둥이 어울리겠죠?

→ Yeah? You should set a goal for yourself.

#그게 의욕을 줄걸.

> motivation [모티'*베이션] <

→ That will give you motivation.

그럼 마지막으로 노래 가사를 잠깐 보죠. 실제 영어 자료들입니다.

#Lately, I've been losing sleep dreaming about the things we could be.
#But baby, I've been praying hard, said, no more counting dollars, we'll be counting stars.

Lately, I've been losing sleep
최근 들어, 내가 계속 잃고 있어요 / 잠을 → 잠을 잘 못 잔다는 거죠.
dreaming 잠 안 자고 동시에 뭐 하고 있죠? dreaming, 꿈꾸고 있어요. 잠을 못 자고 꾸는 꿈은 상상의 나래를 펼치고 있는 거죠.
about the things we could be. 뭐에 대해? things들인데, COULD 기둥 나오죠?
우리가 될 수 있는 things들에 대해서요.
우리가 될 수 있는 것들에 대해 상상하느라 잠을 못 자는 거죠. 이미지 전달되었나요?
"최근 들어 난 밤잠을 설치고 있어. 우리가 무엇이 될 수 있을지 상상하면서~"
그다음 계속 읽어보죠.

But baby, 그러나 / 애인이니 자녀에게 baby라고 잘한다고 했죠? 자녀에게 잠 못 잔다고 할 것 같진 않고 파트너에게 말하는 것 같습니다.
I've been praying hard, 기도를 열심히 했답니다.
said, 그리고 말했대요,
no more counting dollars, 더 이상 세는 것은 없다고, 뭘? 달러를요. 돈을 말하죠.
돈을 더 이상 세지 않겠다고 기도했다는 거죠. 그리고 콤마 찍고,
we'll be counting stars. 우리는 셀 거예요, 별들을.
더 이상 돈을 세지 않고 별을 세게 해달라고 기도한 거죠.

구글에서 영어로 검색하면 무료로 다 들어볼 수 있고 뮤직 비디오도 볼 수 있답니다. 똑같은 구글 사이트여도 언어 설정에 따라 결과가 다르게 나올 때도 있더군요. 구글을 주로 영어 자료를 찾기 위해 사용한다면 언어 설정에서 English로 바꿔놓으면 됩니다.

이제 노래를 들을 때도 가사를 이해하고 난 후 따라 흥얼거리면서 구조에 익숙해져도 좋겠죠? 팝송 쪽 가사가 쉽다고 했습니다. 조금이라도 어려우면 그건 어렵게 만든 것이니 영어를 늘리기 위해서라면 휘익~ 멀리하세요.
그럼 lately는 쉬우니까 여러분에게 최근 들어 있었던 일을 얘기하면서 만들어보세요!

I've gotta + WH 주어

Ta-Dah!
18번 기둥의 마지막 스텝입니다. 축하드립니다!

이제 여러분은 모든 말을 영어로 전달할 수 있을 만큼 배웠습니다.
이제 알고 있는 것을 탄탄히 하기 위해 반복하며 연습하는 동시에 관심
있는 분야의 영어 자료들을 교재로 사용하세요.
관심 있는 분야의 어휘를 하나둘씩 늘려가면서 원하는 메시지를 멈춤
없이 전달하려 노력하고 있다면 여러분은 영어를 제대로 하고 있는
겁니다.
지금까지가 배우는 단계였다면 그다음부터는 혼자 하는 여정인 거죠.
흔들리면 언제든지 돌아가서 복습하세요. 복습은 외국어 습득에서는
예상외로 아주 큰 도움이 됩니다.
그럼 마지막 스텝 들어가볼게요. 만들어보세요.

#I have a headache.
영어는 '두통을 가지고 있다'고 한다고 했죠.
무슨 기둥이죠? DO 기둥! 숨어 있는 것뿐입니
다. 그럼 다음!

#I got a headache.
"I have a headache"와 차이점이 무엇이냐
물어보면 여러분은 어떻게 설명할 거죠?
감으로는 알겠지만 설명은 애매하죠? 외국어
를 하려면 이 애매모호한 느낌에도 익숙해져
야 합니다.

위 두 문장의 기둥이 다른 것은 보이죠?
"I got a headache"는 DID 기둥으로 없었
다가 얻어진 것, 생긴 것이란 느낌이 강하고,
"I have a headache"는 DO 기둥으로 그
전에 없었다는 느낌보다는 그냥 지금 있다, 지
금 두통이 있다는 메시지만 전달되는 거죠.

그럼 다음 문장 보세요.
#I have got a headache.
무슨 기둥이죠?
HAVE + pp 기둥이죠. get의 pp인 got!
과거부터 지금까지 계속 가지고 있던 것이라
고 말하는 것일 뿐 결국 이것도 "머리 아프다!"
고 말하는 깃입니다. 아무리 기둥이 나 날라도
별것 없죠.

그럼 한 단계 더 나가보죠.
#나 이거 해야 해.
→ I have to do this.
그럼 다음,
#I got to do this.
내가 got 한 거죠. 뭘 got 했어요? 이것을 하
는 것. 하는 것이 나에게 'got: 주어졌다'고 해
서 결국 "해야 된다!" 같은 말입니다.
이 GOT TO가 바로 HAVE TO의 비격식적인
말투이며 실제 굉장히 자주 쓰인답니다.

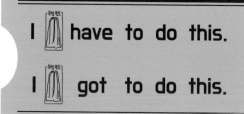

I 〔두렵 랜드〕 have to do this.

I 〔두렵 랜드〕 got to do this.

"I have a cold"와 "I got a cold"에 별 차이
가 없듯
"I have to do this"와 "I got to do this"도 마
찬가지입니다.
have랑 get이 그렇고 그런 사이잖아요?
(스텝 03¹⁴)

I have got a headache.

pp

자! 그럼 여기서 누구나 알 수 있는 퀴즈.

get은 두비이니 당연히 HAVE + pp 기둥에 사용될 수 있죠? 그럼 과거부터 지금까지 계속 가지고 있었던 것이고 해야 합니다. HAVE + pp 기둥으로 말한다면?

I have got~ 하고 나머지 TO 다리 연결, **to do this.**

→ **I have got to do this.**

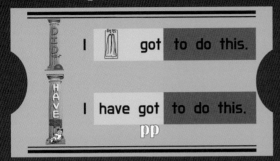

"I got to do this" 말고 "I have got to do this".

자! "I have got to do this" 역시 비격식적이지만 실전에서 상당히 많이 쓰입니다.

말할 때 have에 got에 to까지 나온 후 기본 메시지인 두비가 나오니 소리들이 쌓이게 되잖아요. 그래서 '해야 한다'는 느낌이 비교적 가장 강하게 들립니다.

HAVE TO보다 오히려 '정말 해야 돼'라는 MUST 기둥 느낌이 더 나지요.

I have got to do this!

I have got to do this. 당연히 기둥 묶어서

I've got to do this. 이렇게도 말할 수 있겠죠.

그런데 이렇게 기둥이 묶이면서 have가 잘 들리지 않으니 "I got to do this"라고 들리기도 하겠죠? 실제 문법에서는 "I got to do this"가 틀리다고 하는 논쟁도 있습니다. 하지만 언어라는 것은 시간이 지나면서 변화된다고 했죠? 그래서 저 문장도 시간이 지나면 일반 문장 구조가 될 수 있다고 예상하는 언어학자도 있답니다.

하여튼, 여러분은 통용되고 있는 영어를 익히면 됩니다.

그럼 HAVE GOT은 뜻 자체가 어렵지 않으니 이 스텝에서는 WH 1을 연습한 후 WH 주어도 같이 진행해보죠.

상황) 남편한테 하지 말라고 했는데, 남편이 얼굴에 힘을 주며 말합니다.

#A man's gotta do what a man's gotta to do.

gotta는 got to를 붙여 말한 비격식 스펠링입니다.

반복되는 단어에 당황하지 마세요. 영어는 기둥 구조대로 움직입니다.

A man's gotta do를 풀면

A man has got to do인 겁니다.

남자는 해야 한다 / 뭘?

what a man's gotta do. WH 1인 거죠. 문장을 쌓아볼까요?

#1. 남자가 뭘 해야 하는데?

이 말을 HAVE TO 기둥으로 만들면?

→ What does a man have to do?

HAVE GOT으로 해서 HAVE + pp 기둥으로
만들면?

→ What has a man got to do?

이 문장을 뒤집으면?

#2. 남자가 해야 하는 것.

그것이 뭔지를 모르니 WH 1으로 간 거죠.

→ What a man has got to do.

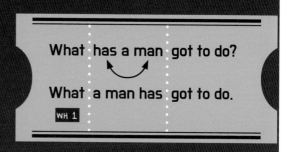

A man's gotta do what a man's gotta do.

남자는 해야 한다 / 남자가 해야 하는 것을.

뭔 뜻일까요? 아무리 위험하거나, 어렵거나 혹은 터무니없어도 남자가 해야 하는 것이
면 남자가 해야 한다는 말입니다. 코믹스럽게도 잘 쓰인답니다. 응용해볼까요?

상황) 말벌이 있는데 다들 겁내서 남자인 제가 나섭니다.

#나 말벌 정말 싫지만.

> hate / **꿀벌**=honeybee **말벌**=wasp [워스프] <

→ I really hate wasps.

#그래도, 남자면 해야지, 남자가 해야 하는 것을.

→ Still, a man's got to do what a man's got to do.

남편이 사고 싶은 게임을 살 때에도! '남자니까 해야 돼'라며 이 말을 잘 쓴답니다.

A man's got to do what a man's got to do.

그럼 다음 문장들 보죠.

#Sometimes you've gotta fall before you can fly.

gotta 또 나오죠? 실전 영어 자료에서 자주 접할 겁니다.

때때로 당신은 떨어져야 한다. / 전에 CAN 기둥 나오죠? 네가 날 수 있기 전에.

'날기 전에 가끔은 떨어져야만 한다'라고 하는 거죠?

이제 HAVE GOT으로 직접 만들어보세요.

#저희는 온라인 탄원서를 시작해야만 합니다.

> online petition [페티션] <

→ We have got to start an online petition.

start 말고 또 잘 쓸 수 있는 말 set up. 새로운 것을 세팅해놓고 시작! 하면 일이 돌아가는 겁니다.

HAVE TO 기둥으로 해도 말이 되겠죠?

→ We have to set up an online petition.

잘 생각해보면 'have got'은 결국 'have'인 거잖아요.

#시간 잠깐 있어요? 뭘 좀 질문해야 되는데.

→ Do you have a minute? I have to ask you some questions.

같은 말을 다시 HAVE + pp 기둥으로

#시간 잠깐 있어요? 뭘 좀 질문해야 되는데.

→ Have you got a minute? I have got to ask you some questions.

같다고 보면 됩니다.

Do you have 대신 Have you got,

I have to ask 대신 I have got to ask.

이렇게 대신 할 수 있다는 것. 차이는 별것 없어요. 그래도 상당히 자주 쓰이니 연습장에서

have got to로도 만들어 적응해보세요.

#아들아, 새 학교에서 더 열심히 해보려 노력해야 돼.
hard / try

.... Son, you have (got) to try harder at new school.

#내가 법에 대해 좀 더 배워야 되겠어.
laws / learn

.... I've got to learn more about the laws.

#장군님, 와서 이거 보셔야 됩니다.
general

.... General, you've got to come and see this.

#그거 우리 아빠 건데, 너희가 떨어뜨렸잖아! 아빠가
집에 오시기 전에 이거 고치게 너희들이 날 도와줘야 해!
drop / fix / help

That's my dad's and you guys

dropped it! You have got to help me

.... fix this before he comes home!

#그거 진짜 큰 가십이다! 나 누군가한테 말해야겠어!
gossip / tell

That is a really big gossip!

.... I have (got) to tell someone!

#저 사람 뭐 하는 거야? 미친 거 아냐? 내가 가서 뭔가
해야겠어. 그냥 여기 서서 구경만 할 순 없잖아.
crazy / stand / watch

What is he doing? Is he crazy?

I've got to go and do something.

.... I can't just stand here and watch.

WH 주어 바로 들어가니 만들어보세요.

#여기 무슨 일이 일어났던 거야?

→ What happened here?

이 말을 HAVE + pp 기둥으로 쓴다고 해도 큰 차이 없겠죠?

→ What has happened here? 묶으면,

→ What's happened here? 별거 없죠?

또 만들어보세요.

#얼마나 많은 사람이 목숨을 잃었어?

헷갈리면 항상 기본 먼저 만드세요.

1. 사람들이 목숨을 잃었어요.

HAVE + pp 기둥으로 만들면,

People have lost their lives.

얼마나 많은 사람이, 카멜레온을 모르니 WH 주어로!

How many people~ 하고 나머지 그냥 내려 오면 되는 거죠, have lost their lives.

→ How many people have lost their lives?

영어는 인생도 life. 목숨도 life. 목숨들은 lives. 저도 처음 영어 할 때 **He lives**는 [리브즈] 이고, **Their lives**는 [라이브즈]인데 **live music**은 [라이브]라고 말하고, **I live**는 다시 [리브]이고, 발음들이 멋대로 변해서 당황한 적 이 있었답니다. 결국은 다 위치 차이인 거죠?

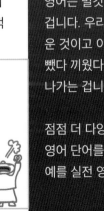

He	lives	[리브즈]
Their	lives	[라이브즈]
live	music	[라이브]
I	live	[리브]

죽고잡냐?!

여러분이 생각하지 않고 그냥 쉽게 읽어내면 서 누군가에게 그 차이까지 설명해줄 수 있다 면 영어를 잘 알고 있는 겁니다.

영어는 별것 없어요. 재료들이 있고 틀이 있는 겁니다. 우리는 이 코스 안에서 그 틀들을 배 운 것이고 이제 여러분은 그 틀에 단어들을 뺐다 끼웠다 하면서 바꾸어가며 말을 만들어 나가는 겁니다.

점점 더 다양한 틀에 적응하다 보면 때로는 영어 단어를 직접 만들어내기도 한답니다. 그 예를 실전 영어 자료에서 보여드릴게요.

영화 〈Julie and Julia〉의 실존 인물인 Julia Child는 프랑스 요리를 책으로 펴내 미국에 소개한 요리사입니다. 그녀가 책을 구상하는 장면에서 말하는 대사를 볼까요? 앞에서부터 번역!

#This has got to be a cook book that makes French cooking accessible to Americans who do not have cooks, who are servantless. Is that a word? Servant-less. I think it is a word.

"This has got to be a cookbook that makes French cooking accessible to Americans who do not have cooks. Who are servantless... Is that a word? Servantless. I think it is a word."

--Julia Child, from the film *Julie & Julia*

This has got to be a cook book
이것은 요리책이어야만 해! HAVE GOT TO 나오죠? 무슨 요리책?

that makes French cooking accessible to Americans
that 하고 makes로 나오니 DOES 기둥으로 열차 연결했죠? 카멜레온이 cook book이니 굳이 반복 안 하는 거죠.
책이 / 만드는데 / 프랑스 요리를 / accessible 하게 / 방향이 미국인들에게
이러면 accessible 단어를 알아야겠죠? '다가가기 쉬운, 접근 가능한'입니다. '프랑스' 요리를 미국인에게 쉽게 다가가게 하는 요리책이어야 한다는 것이죠. 대충 이해 가죠? 계속 읽어보세요. 미국인이긴 미국인인데, 아직 안 끝났습니다.

who do not have cooks. 열차가 또 뒤에 붙었죠? 아무 미국인 말고 요리사들이 없는 미국인. Americans who do not have cooks 하고서 또 말합니다.

who are servantless. Is that a word? servant는 '하인'을 말합니다. 고용된 사람이죠. 꼬리에 [less]를 붙였죠? 하인이 없는 미국인들. 그러면서 하는 말. 이게 단어 맞나? 그리고 또 말합니다.

Servantless. I think it is a word.
Servantless. 내 생각에는 단어인 것 같아.
이렇게 그냥 단어를 만든 거죠.

Julie & Julia (2009) [film]
Directed by N. Ephron

영어는 실제로 이렇게 말하다가 단어를 만들 어버리는 경우가 종종 있답니다.
영어가 재료들을 붙이고 끼우고 엮을 수 있는 언어이기 때문에 생기는 현상이죠.
하면 할수록 다양한 말과 유머를 만들 수 있는 창의적이고 재미있는 언어랍니다.

영화나 드라마는 실전 언어로 되어 있어서, 이렇게 없는 단어도 나오고 틀린 영문법도 나 온답니다. 볼까요?

영화 〈행복을 찾아서〉.
아내가 떠나고 혼자 어린 아들을 데리고 살다 그 집에서도 쫓겨나는 어느 외판원의 이야기로 그가
어떻게 극한의 어려움을 극복하며 기적을 만들어내는지를 그린 실화를 바탕으로 한 영화입니다.
영화의 원제목은?

the PURSUIT of
HAPPYNESS

The Pursuit of Happyness.
The Pursuit [펄숫트]은 '추구', **of Happyness**, 행복의 추구.
happyness의 영어 스펠링은 원래 happiness죠. 일부러 틀리게 스펠링 한 겁니다. 왜? 영화를 보
세요.

이 영화에서 아버지는 어린 아들에게 삶에
대해 조언합니다. 이미지를 그리면서 읽어볼
까요?
#Don't ever let somebody tell
you you can't do something.

Don't ever let somebody tell you.
명령 기둥이죠. 한 번이라도 내버려두지 말아
라 / 어떤 사람이 말하게 / 너에게 / 뭘?
you can't do something. 네가 뭔가를
할 수 없다고.
누군가 너에게 '넌 못 할 거야'라고 말하게 두
지 말라는 겁니다.

#Not even me. All right?
아빠조차도. 알았니?

#You got a dream. You
gotta protect it.
네가 꿈을 가졌다. 그 꿈을 지켜내야 돼.
너에게 꿈이 생겼다면, 네가 그것을 지켜내야
한다는 거죠. 영화에서 우리말 번역은,
'**꿈이 있다면 지켜내야 돼**'로 되었디군요.

#People can't do somethin'
themselves, they wanna tell
you you can't do it.

**People can't do somethin' them-
selves**, 사람들은 뭔가를 못 해 / 스스로
**they wanna tell you you can't do
it.** wanna는 want to를 줄인 비격식어. 그들
은 너에게 말하고 싶어 해, 너도 할 수 없다고.
사람들은 자신이 못 하니, 다른 이에게도 할 수
없다고 말하고 싶어 한다는 겁니다.
somethin'은 something입니다.
말하는 식으로 하려고 스펠링을 줄인 것이고
뒤에 어포 보이죠? 뭔가 숨겨져 있다는 것으
로 역시 대본에서 잘 보입니다. 올바른 표기
는 아니죠.
'사람들은 스스로 하지 못하기 때문에 남에게
도 못 할 거라고 말하고 싶어 한다'고 했죠?

이 말을 영화에서 우리말로 번역한 것을 보면:
못 할 거란 말 무시해버려.
너무 간단하게 정리했죠? 사람들의 성향을 말
했는데 영화는 자막이 길면 읽지 못하니 실제
대사에 담긴 의미가 전달이 안 되어 아쉽죠.

자막에서 자주 있는 일이랍니다. 계속 보죠!

#If you want somethin', go get it.

네가 뭔가를 원하면, 가서 쟁취해.
원하는 것이 있으면, 가서 쟁취해!
영화 번역은 **앞만 보고 노력해.**

또 살짝 다르죠? '노력하라'는 말보다,
"Go get it!"은 "Go and get it!"에서 온 말로
'머뭇거리지 말고 가서 얻어! 행동으로 옮기라'
는 느낌이 더 강합니다.

#Period.

period [피*리어드]는 마침표.
영국은 full stop.
이렇게 '마침표'라고 하면 '끝!' '더 이상 논쟁
할 필요 없이 그것이 진실!'이라고 말할 때 잘
씁니다.
번역으로, '그게 다야!'라고 하기에는 아쉽습니
다. period는 강하거든요? 끝!
결국 어떤 변명, 응원, 비판 필요 없이 네가 원
하는 것을 지켜서 얻어내라는 거죠.
영어로만 메시지 받아서 읽어보세요.

The Pursuit of Happyness (2006) [film]
Directed by G. Muccino

Don't ever let somebody tell you you can't do something. Not even me.
You got a dream, you gotta protect it.
When people can't do something themselves, they wanna tell you that
you can't do it.
If you want something, go get it.
Period.

맞춤법이 틀려도, 완벽한 문법으로 된 문장이 아니어도 큰 틀이 맞는다면 메시지는 다 전달되죠? 내용이 전달되면 대화가 이어지고 내용이 좋으면 듣는 이들은 영어가 별로여도 집중하면서 이해하고 싶어 합니다.
여러분이 하려는 말이 굳이 감동적이지 않아도 상대의 흥미를 끈다면 상대는 귀를 기울인다고 했죠?

영어의 길을 가다 보면 별의별 영어가 있다는 것을 알게 될 겁니다. 화려한 영어를 보면서 '난 왜 이렇게 못하지?'라고 생각하는 것은 우리말을 잘하는 '논객'을 보면서 '난 왜 저렇게 한국어를 잘 못하지?'라고 생각하는 것과 같다고 보면 됩니다.
논객까지는 힘들더라도 어느 정도의 레벨까지는 그리 오래 걸리지 않습니다.

자! 이것으로 우리는 18번 기둥을 끝냈습니다!
수고하셨습니다!

그럼 이제 마지막 19번 트랙이 다가옵니다.
모두 초대! 파티 파티 타임!
놀면서 갈 겁니다!

HAD + pp 기둥

19

1901

HAD + PP

여러분들 중 지름길로 빨리 온 분도 있을 겁니다. 지름길로 오면 reading 속도와 writing은 확실히 많이 늘긴 합니다. 하지만 speaking은 입으로 말하는 연습 없이 늘기 힘들기 때문에 지름길로 온 분들은 시간 날 때 모든 스텝을 다시 한번 밟아보면 더 큰 것을 얻을 수 있을 것입니다.

외국어를 공부하는 것이 뇌의 사이즈를 키워줄 수 있다는 연구 결과가 이미 나왔습니다.

몸 운동을 하는 것처럼 뇌 운동을 한다는 생각으로 이미 한 스텝들도 언제든지 반갑게 돌아가서 연습해보세요. 말을 만들어내는 속도가 빨라지고 쉽게 기둥을 바꾸게 될수록 자신의 실력이 늘고 있다는 것을 확인할 수 있을 겁니다.

드디어 19번! 축하드립니다! 마지막 기둥입니다.

기둥은 결국 메시지를 전달하는 데 필요한 도구입니다. 그렇죠?

이번에 배우는 기둥은 여러분이 직접 실전에서 말로 사용하기까지는 시간이 걸립니다.

왜냐고요?

이 기둥 말고도 다른 기둥으로 얼마든지 메시지를 전달할 수 있거든요. 그래서 많은 분이 이 기둥을 뒷전에 두게 된답니다.

다른 기둥들로 말하기도 바쁜데, 굳이 이 기둥을 쓰지 않아도 메시지가 전달된다고 느껴지면 자연스레 안 쓰게 되는 거죠. 하지만 그렇다고 우리가 안 배울 수는 없겠죠?

19번 기둥은 말보다 글로 쓰면서 익히면 좀 더 이해하기 쉽고 소화도 잘된답니다.

자, 그럼 들어가볼까요?

일기를 쓸 때 우리는 회상을 하면서 쓰게 되죠?

이 19번 기둥이 그럴 때 아주 좋답니다.

바로 마지막 기둥인 **HAD + pp** 기둥!

HAVE + pp 기둥이랑 아주 비슷해 보이죠? 하지만 이 HAD + pp 기둥은 훨씬 더 간단하답니다. 이 기둥도 여러분이 어떤 메시지를 말할 때 사용할 수 있는지 알기만 하면 되죠? 그럼 설명을 위해 개인의 일기보다 모두가 다 '회상'할 수 있는 과거 이야기를 해보죠. 아주 먼 과거로 돌아가 신화에 대해 말해봅시다.

한반도의 시작을 알리는 이야기 다 알죠?
그날도 동굴에서 곰은 혼자 앉아 마늘과 쑥을 우적우적 먹고
있었다. 인내심을 가지고 여전히 기다리는 중이었다.
자, 머릿속에 옛날 동굴 안에 곰이 그려졌나요?
그럼, 이 스토리에서 질문 하나 해볼까요?
호랑이한테는 무슨 일이 생겼었더라?

이미 머릿속 시간이 곰이 혼자 앉아 있는 과거로 세팅되어 있었잖아요.
그런데 제가 그 과거보다 더 전의 과거인 호랑이가 어떻게 되었는지에
대해 말하려 합니다.
과거를 말하고 있는데, 또 한 번 더 뒤의 과거로 가게 한 거죠.
이럴 때 HAD + pp 기둥을 사용하는 겁니다.

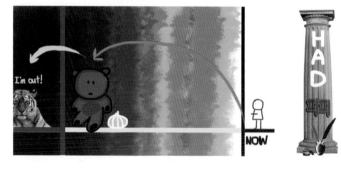

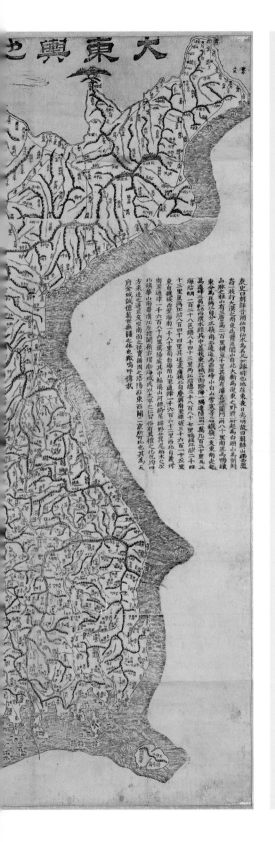

호랑이는 이미 동굴에서 나가버렸죠, 그렇죠?
호랑이는 그 장소에서 떠나버렸다.
말해볼까요? HAD + pp 기둥 구조 그대로
단어만 넣어서 말하면 됩니다.

누가 떠났죠? 호랑이가! The tiger
기둥 자리이니, had.
떠난 것이면 두비에서 do 쪽이고
구조가 pp니까 기본 leave의 pp는 left.
나머지는 엑스트라죠?
어디를 떠나요? 그 장소를, the place.
→ The tiger had left the place.

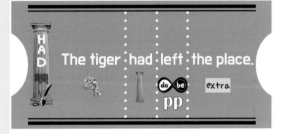

곰은 혼자 있었고. 호랑이는 떠나버렸죠.
→ The bear was alone, and the tiger had
left the place.

곰이 혼자 있던 과거에 대해 말하고 있었으니
자연스럽게 DID/WAS 기둥을 사용했다가, 그
과거보다 더 뒤로 돌아간 과거 이야기에 대해
말을 할 때 영어는 그 시간의 차이를 전달하기
위해 또 다른 과거 기둥을 만들어준 것입니다.
웃기죠? 지금까지 과거 기둥이 몇 개냐고요?!

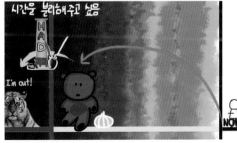

189

바로 이전 기둥인 HAVE + pp 기둥은 이 상황에서는 사용을 못 하죠? HAVE라는 단어에서도 알 수 있듯 과거에 일어났지만 현재까지 이어지는 느낌을 주는 기둥이잖아요.
그래서 그 차이를 두고 만들어낸 다른 과거 기둥이 바로 HAD + pp 기둥입니다.

신화를 예로 들었다고 해서 꼭 오래전일 필요는 없습니다. 10분 전의 과거를 말하다 다시 15분 전의 과거를 나눠서 말해야 한다면 그것도 과거 속의 과거인 거죠.
우리말로는 이렇게 정확한 차이로 나뉘지 않기 때문에 여러분은 말하면서 그 상황을 상상해 시간차를 기억하면 더 수월해질 겁니다.
그럼 상황 속에서 접하면서 적응해볼까요?

상황) 남편이 집에 오더니 내일 필요하다면서 오늘 도착한 드라이클리닝 한 옷을 찾습니다.
#아내: 내가 집에 왔을 때, 세탁소 아저씨는 이미 가버린 후였는데, 쪽지를 남기셨더라고.
번역하려고만 하지 말고 상황을 이미지로 그리세요. 와이프인 저는 아까 도착했으니 과거인데, 세탁소 아저씨는 제가 도착하기 전에 이미 왔다 가셨던 거죠?
내가 집에 도착했을 때, when I got home~
세탁소 아저씨는 그 전에 이미 왔다 간 것이죠. 영어로는 leave를 사용하면 되죠, the drycleaner had already left.
쪽지를 남기셨더라고. He had left a note.

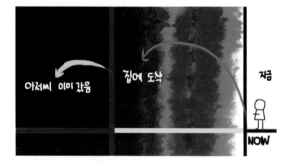

already가 기둥 뒤에 나오는 것이 아직 말로 잘 안 나오면 맨 뒤로 붙이셔도 됩니다. (스텝 14[02])
The drycleaner had left already.
→ When I got home, the drycleaner had left already. He had left a note.

이 기둥이야말로 상황을 머릿속에 이미지로 그리는 것이 특히 중요하겠죠? 이해만 하지 말고 느낌을 기억한 후 감정을 실어 다시 말해보세요. 그럼 다른 문장도 만들어보죠.

#8시였어, 배달 아저씨는 이미 가버린 후였고,

> delivery man [딜리*버*리 멘] <

→ It was 8 o'clock, and the delivery man had already left,

HAD + pp에서 HAD는 결국 시간을 전달하기 위해 거들어주기만 할 뿐, 주요 메시지는 pp에 있는 거죠?

#그래서 반품 요청을 못 했어.

중요! 메시지 전달!

우리말에 '요청'이라고 해서 꼭 영어도 '요청'이라고 생각하지 말고, 메시지를 전달하세요!

— so I couldn't return the package.

→ It was 8 o'clock, and the delivery man had already left, so I couldn't return the package.

실제 우리말처럼 '반품 요청'이란 '명사'를 쓰기보다 영어는 return이라고 풀어서 do 동사로 더 잘 말한답니다. send back을 써도 전혀 문제없어요.

마지막까지 하는 잔소리!

영어를 할 땐 항상 말하는 도중 모르는 단어가 나왔다고 해서 속으로 '요청'이 영어로 뭐더라, 하면서 조용해지면 안 됩니다! 대화가 멈추면 상대는 마냥 기다리게 되잖아요. 기본적인 단어들로 그때그때 메시지를 전달해서 대화를 이어나가는 것이 중요하다고 했습니다.

언어는 메시지 전달이 최종 목표입니다.

계속하죠. 오늘 있었던 이야기를 하다가 3일 전 이야기를 연결해서 꺼낼 때 HAD + pp 기둥을 사용하면 그 시간 차이가 느껴지면서 더 메시지 전달이 수월해지겠죠? 또 만들어볼까요?

#저 남자가 기회를 얻기 전에, 저 남자 라이벌이 이미 끝내버렸어.

#1. 나 기회를 얻었어!
> chance <
→ I got a chance! 간단하죠?

#2. 저 남자가 기회를 얻기 전에,
> rival <

기회를 얻기 전에, '전에' 리본 좋겠죠? before 사용할 수 있습니다.
→ Before that man got a chance,

#저 남자 라이벌이 이미 끝내버렸어.
→ his rival had already finished it.

단어만 다시 바꿔볼까요?

#3. 저 남자가 기회를 갖기 전에, 저 남자 라이벌이 이미 만들어버렸어.
→ Before that man had a chance, his rival had already made it.

기회를 갖기**도** 전에, 라고 덧붙여볼까요?
even을 붙여보죠. (스텝 07[27])
→ Before that man even had a chance, his rival had already
   made it.

HAD + pp 기둥 보면 별것 아닌 것 같죠? 그냥 한 번 일어난 과거는 간단히 과거 기둥인 DID/WAS로 말하면 됩니다. 굳이 HAD + pp 기둥이 필요가 없는 거죠.

"1980년도에 저희 아버지와 일하셨던 분은 지금 브라질에 살고 계세요." "제가 사진 인화 맡겼는데요. 준비되었나요?"
이런 문장들? HAD + pp 불필요합니다!

HAD + pp는 이미 자신이 과거에 대해 말하고 있다가 그보다 더 과거로 돌아가서 더 전에 있었던 것을 말할 때 사용하면 되는 겁니다.

이래서 이 기둥은 글로 쓸 때가 비교적 쉽다는 겁니다. 특히 일기나 편지처럼 자신의 일상을 적을 때, 과거에서 더 과거로 가야 하는 그 시간차가 더 자주 나타납니다. 그럴 때 그 차이의 느낌을 제대로 전달하고 싶으면 기둥만 바꿔주면 되는 겁니다.
하지만 이해를 했다고 해도 실전에서 말로 사용하기까지는 시간이 걸릴 수밖에 없죠.

과거 하나 말하려 해도 두비 잘 골라 DID/WAS 기둥으로 나눠야죠, DID 불규칙도 있죠, 거기에 HAVE + pp까지 한몫 거들고, 그럼 pp 불규칙까지 생각해야 하니, 과거 기둥이 이리 다양하게 존재하는데 HAD + pp까지 떠올리기란 초반에는 힘듭니다.
대충 다른 과거 기둥으로 그냥 메시지 전달을 하려고 하죠. 실전에서는 원활한 소통이 중요하기 때문에 오히려 룰에 얽매여 고민하는 것보다 훨씬 더 좋은 선택입니다.

그렇기 때문에 전체적으로 다른 과거 기둥들을 잘 다룰 줄 알아야 HAD + pp 기둥까지 입으로 쉽게 나올 수 있게 되는 겁니다.
그럼 아직 과거 기둥이 확실히 탄탄하지 않은 사람들은 어쩌라는 거냐고요?

괜찮습니다.
다행히 말할 때는 잘 안 들리거든요. 왜?
이 기둥도 HAVE + pp 기둥과 마찬가지로
기둥이 길다 보니 대부분 기둥을 묶고 말하게
된답니다.
"I had made it"을 묶으면?
"I'd made it."

DID 기둥으로 말해도 그 차이가 잘 안 들리
겠죠?
글에서는 일기를 쓸 때처럼 시간적 여유가
있으니 글로 연습하면 좀 더 빨리 이 기둥을
자신의 것으로 만들 수 있을 겁니다.

글에서 틀려도 크게 중요하지 않습니다. 그 정
도로 대충대충 기둥입니다.

지금의 여러분에게 중요한 것은 바로 다음 것!

영어를 읽을 때 would, could, should, had +
pp가 다 'd로 끝나지 않나? 뭐지? 하고 고민하
지 않는 것!
무슨 기둥인지 그냥 찍으려고 하면 저 스펠링
이 다 중요해지지만 글의 맥락을 볼 줄 알면
이제는 바로 어떤 기둥이 묶인 것인지 알아낼
수 있겠죠.

그럼 지금까지 하던 방식대로 천천히 계단 오
르듯 연습해보죠. 상황을 상상하는 것이 중요
합니다.

#Kate 찾으세요? 걔는 안 오고 싶어 했어요. 걔 이미
여기 와봤었어요.
be - been

> Are you looking for Kate? She didn't want
.... to come. She had already been here.

#A: Danny가 거기 있었어, 네가 도착했었을 때?

> ....Was Danny there when you arrived?

#B: 아니, 이미 갔었어.
leave - left

> .... No, he had already left.

#아깐 미안했어. 그때 기분이 매우 별로였어 — 내
남자친구가 날 차버렸거든.
upset / dump

> I'm sorry about before. I was very upset
....then because my boyfriend had dumped me.

#어젯밤 저희가 집에 도착했을 때, 누군가 침입했었다는
걸 알게 됐어요.
break into - broken / find out

> When we got home last night, we found
....that somebody had broken in.

#제가 그 남성분과 악수하면서 전에 뵌 적이 있구나
알게 됐어요.
shake - shook / see - seen / realise

> As I shook his hand(/When shaking his hand),
....I realised (that) I had seen him before.

#처음에는 제가 옳은 일을 했다고 생각했죠. 하지만 곧
제가 큰 실수를 했구나 깨닫게 되었습니다.
right thing / make a mistake / realise

> At first, I thought I'd done the right thing,
.... but soon I realised that I'd made a big mistake.

195

상황) 어젯밤에 있었던 이야기예요.

#그 일은 5시 이후였어요. 제가 이걸 아는 게, TV를
켰었을 때, 그 프로그램, 5시에 시작하는 거, 그게 이미
시작했었거든요.

turn on / start

It was after 5. I know this because when I turned on the
....TV, that programme, which starts at 5, had already started.

#그 회사가 부도났었을 때, 10억 원 이상을 잃었었어요.

company / go bankrupt [뱅크*럽트]=부도나다, 파산하다 /
1,000,000,000 / lose

When that company went bankrupt,
.... it had lost over a billion won.

#저들은 Lucy가 자신들을 속였다는 걸 믿지
않았습니다.

deceive [디'씨*브]=속이다, 기만하다

.... They didn't believe that Lucy had deceived them.

HAVE + pp 기둥과 HAD + pp 기둥.
재활용의 끝을 보여주는 영어죠?

잠깐! 이번 트랙에서는 논다고 하지
않았나요!
논다 했으면서 왜 슬그머니 이상하게
생긴 기둥을 들이미느냐고요?
갈수록 놉니다~ 놀 거예요!

196

영어는 단순히 이해하고 암기하는 데서 끝나는 것이 아니라 자신의 것으로 소화가 되어야 한다고 했죠?

언어 용어 중 'active vocabulary'와 'passive vocabulary'가 있습니다.
active vocabulary는 자신이 쉽게 꺼내 문장에 사용할 줄 아는 어휘를 말하는 반면,
passive는 뜻은 알지만 활용할 줄 모르는 어휘를 말한다고 합니다.

여러분도 한국어 안에서 상당히 많은 passive vocabulary가 있죠?
글로 쓸 때는 잘 사용하는 말이 말할 때는 안 나오는 경우도 많고요. 그렇죠?

passive가 active로 가려면 자주 사용하고 연습해야 하듯 영어도 마찬가지입니다. 단 외국어에서는 어떤 것은 일부러 passive 위치에 두고 시간이 지나서 봐야 하는 것도 있답니다.

#Put a pin in it!
명령 기둥. 핀을 '꽂다'가 어울리겠죠?
it 안에 꽂아놓아라?

뭔가에 대해 알고 싶은데 그것까지 알 시간이나 여유가 없을 때 나중에 보기 위해 메모에 적어서 보드에 꽂아놓는 경우 있죠? "Put a pin in it!"은 언젠가는 봐야 하는데 지금은 볼 수 없으니 나중에 시간을 내서 다시 봐라, 느낌으로 사용하는 말이랍니다. 핀 꽂아두라는 거죠.

효과적으로 외국어를 잘하기 위해서는 "Put a pin in it!"을 해야 하는 것들이 있습니다.
19번 기둥에 나오는 스텝들이 이렇게 핀 꽂아두면 되는 스텝들의 종합세트입니다.

이래서~ 이번 트랙은 놀자판으로 구경하며 갈 수 있답니다!
그럼 다음 스텝도 여유 있게 들어가볼까요?

1902

가정법 과거완료

IF 3탄

HAD + pp 기둥을 이해하기 위해 도움이
되는 다른 것이 있다면 바로 이번 스텝에서
배울 if랍니다.

if는 Planet으로 접했죠?
설명이 다소 필요한 것이어서 연습할 수 있도록 일부러
스텝을 분리해서 제공했지만 if는 결국 when과 같은 리본이라고
했습니다. (스텝 09¹⁸ / 11⁰²)
어려운 것이 아닌데도, 문법 용어로 인해 '호랑이 곶감'이
되어버렸습니다.
그래도 지금까지 배운 것을 보면 그리 어렵지 않았죠? 말할 때 언제 if를 사용할
것인지 그 활용도에 집중하면 불필요한 설명들은 사라진다고 했습니다.

198

이번 스텝에서 배울 if도 매우 쉽습니다.

예상이나 상상할 때 if를 잘 쓰게 되죠? 그런데 보통 예상이나 상상은 미래를 그린다고 생각하기 쉽지만, 과거도 상상할 수 있죠?

예를 들어, 우리가 잘하는 말.
내가 그때 그녀를 못 가게 잡았었다면.
과거를 회상하며 운명이 바뀔 수 있었던 그 상황을 말하는 거죠.

타임라인을 두고 이미지로 상상해보죠.

내가 그녀를 못 가게 잡았었다면, 어떻게 되었을까?
무슨 그림이 먼저 나와요?

내가 잡았으면, 그럼 그다음이 어떻게 되었을까? 상상하는 거죠. 대신! 지금 실제 현실과는 상관이 없죠? 그래서 if랑 들어가는 겁니다.

과거에서 그다음 과거를 궁금해하는 거잖아요. 그래서 먼저 일어났을 첫 번째 상황을 HAD + pp 기둥으로 만들어주는 거죠.

#내가 그녀를 못 가게 잡았었다면,
못 가게 잡았다면? 영어로 어떻게 말하죠?

catch라고 하면 공을 잡는 느낌일 수 있어요.

ask her to stay, 머무르라고 요청하다.

그럼 HAD + pp 기둥으로 만들어보세요.

→ If I had asked her to stay,

#어떻게 되었을까?
우리말은 '어떻게'지만 영어는 무슨 일이 있었을까? 이렇게 갑니다.

그다음을 말하는 것이니 미래지만 '과거 안의 미래'죠? 그래서 WILL보다 약한 WOULD 기둥으로 갑니다.

대신! 또 대신이죠? 대신!

무슨 일이 일어났을까? 하면서 이제 그 이후 일어났을 과거에 대해 궁금해하는 것이니 WOULD 기둥에 HAVE + pp 기둥을 엮어줍니다. (스텝 18[03] / 18[05])

→ what would have happened?

기둥 엮이는 것이 상식적이죠?

→ If I had asked her to stay, what would have happened?

이렇게 옛날에 이랬다면, 그다음 무슨 일이 일어났을까? 식으로 한 과거를 회상하며, 그 이후의 과거를 상상할 때는 HAD + pp와 다른 기둥에 HAVE + pp 기둥을 엮는 것(스텝 18[05])이 아주 유용할 수 있습니다.

다시 만들어볼까요? 이번에는 ask her to stay 말고 '가려 했던 사람을 못 가게 한 느낌'의 단어로 만들어보죠. 뭐가 있을까요? let 있죠. (스텝 10[15]) **Let her go!** 이러면 그가 가고 싶으니 가도록 두라는 거죠? 그럼 이 말을 써서 부정으로 만들면 되겠죠?

HAD + pp의 부정! NOT을 어떻게 붙이죠? 당연히 알 수 있죠? 세 번째!
→ If you had not let her go, what would have happened?

had not을 합치면? 직접 합쳐보세요. haven't처럼 이것도 hadn't가 된답니다. 직접 추론할 수 있죠?
→ If you hadn't let her go, what would have happened?

이번엔 사람도 바꾸면서 좀 더 꼬아볼까요?
#자네가 아들을 못 가게 했었다면, 자네 아들은 이렇게 성공을 못 했겠지.
→ If you hadn't let your son go, he wouldn't have been this successful.

단어를 보면 다 쉽지만 기둥들이 저렇게 꼬여서 입 밖으로 나오게 하는 것은 그리 쉬운 일이 아닙니다. 좀 더 해볼게요.

#A: 네가 나한테 물어봤으면 내가 투자했을 텐데!
과거에 안 물어봤으니, 투자도 안 하게 되었던 거죠. 둘 다 과거에 관해 말하는 것. 과거 안에서도 타임이 다른 느낌이 보이나요?
> invest <
→ If you had asked me, I would have invested!
꼭 WOULD만 할 필요도 없답니다. 더 응용해보세요.

#네가 나한테 더 일찍 물어봤으면 내가 도와줄 수 있었을 텐데!
If you had asked me earlier, 할 수 있었을 거였다는 거죠?
CAN보다 약한 COULD 기둥으로 가면 되는 거죠.
I could~ 하고 이미 도와줬을 수도 있었을 테니 과거인 HAVE + pp 기둥으로 엮어서, have helped you.
→ If you had asked me earlier, I could have helped you. 묶어서 말하면?
→ If you'd asked me earlier, I could've helped you.
HAVE + pp 기둥과 HAD + pp 기둥은 기둥이 길어서 묶어 말하는 경우가 대부분입니다.

자네가 아들을 못 가게 했었다면.

If you **had not let** your son **go**,

he **wouldn't have been** this successful.

If you'd asked,

I could've helped you.

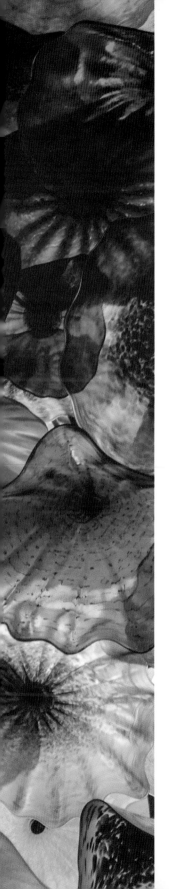

만약 영어를 대충 배운 사람이 방금 위의 문장을 보면
첫 번째 기둥 문장을 보고 무슨 기둥이라고 상상했을까요?
If you'd asked me earlier, I could've helped you.
you'd를 보고, 더 쉽게 접하는 you would가 아닐까 고민했
을 수 있죠? 이래서 영어는 단어 하나하나 발음을 알아듣는
것보다 전체적인 구조를 아는 것이 중요하다고 했습니다.
대화를 계속 이어보죠.

#B: 그럼, 우리가 너한테 물어봤다면,
넌 yes라고 했을 거라고?
지금 과거를 회상하면서 묻는 거죠?
So, if we~ 안 물어봤지만, 만약 물어봤다면, had asked
you, you would have said 'yes'?
→ So if we'd asked you, you would've said 'yes'?
주요 포인트는 we ask와 you said yes! 이것을 빼먹으면 안
되고 나머지는 기둥만 잘 엮으면 되죠? 좀 더 볼게요.

#저희가 시간이 더 있었었다면, 다른
식으로 했을 수도 있었을 것 같아요.
기둥 잘 선택해보세요!
#저희가 시간이 더 있었었다면,
→ If we had had more time,
HAD had 전혀 이상한 것 아니라고 했습니다. 기둥 구조대로
간 것입니다. 묶으면, if we'd had more time.
#다른 식으로 했을 수도 있었을 것 같
아요.
→ we might have done it differently.
여러분도 MIGHT 기둥에 HAVE + pp로 엮으셨나요? 했을
수도 있고 안 했을 수도 있고 확실하게 몰랐으니 WOULD나
COULD 기둥보다 MIGHT로 간 것입니다. '그럴 가능성도 있
었을 것 같다'라고 말하고 싶으면 COULD 기둥으로 가면 되
겠죠? 영어는 기둥들을 제대로 활용하죠?

우리말의 순서처럼 배경을 깔면서 if로 들어가면 순서가 더
편해서 일부러 예문도 그렇게 드렸지만, 리본은 쉽게 풀려 엑
스트라 자리에 갈 수 있다는 것 이제 알죠?

연습

상황) 왜 곤경에 빠진 분을 안 도와줬는지 물었습니다.

\#그가 곤경에 빠졌다는 걸 알았었다면 제가 도왔죠.

trouble [트*러블]=곤경, 곤란 / know - known

If I had known he was in trouble,
.... I would have helped him.

\#어떻게 나한테 거짓말을 할 수 있어? 나 이제 못 가!
내가 사실을 알았더라면 예스라고 절대 말 안 했을
거야.

lie / truth / say

How can you lie to me? I can't go now!
.... If I had known the truth, I'd never have said yes.

\#당신은 왜 방향을 못 물어봐? 당신이 물어보기만
했더라도 지금쯤이면 다 먹었겠네.

directions / by now / eat - eaten

Why can't you ask for directions?
.... If you'd only(/just) asked, we'd have eaten by now.

\#난 너한테 답을 말해줬을 거야, 내가 무엇이었는지
알았더라면.

answer / know

I'd have told you the answer
.... if I had known what it was.

\#애들이 택시를 탔다면 제시간에 여기 도착했을 텐데.

take - taken / in time / get - got - got(gotten)

If the kids had taken a taxi,
.... they would have got here in time.

202

#그 남성분은 죽었을 거예요, 구급차가 그리 빨리 안
도착했더라면.
die / ambulance / quick / arrive

That man would have died if
.... the ambulance hadn't arrived so quickly.

#내가 돈이 충분히 있었더라면, 남미에 갔었을 거야.
South America / go - gone

If I had had enough money, I
.... would have gone to South America.

#네가 나한테 경고를 했더라면 내가 파티에 대해 너희
어머님께 말을 안 했겠지. 난 어머님이 아시는 줄
알았지.
warn / say - said

If you had warned me, I would not have told
.... your mother about the party. I thought she knew.

#너 도둑이 되고 싶어? 네가 나이가 더 많았었다면 넌
감옥으로 갔을 거야.
thief [*씨~*프] / old / prison [프*리즌]

Do you want to be a thief? If you had
.... been older, you would have gone to prison.

#네가 복습을 매일 했더라면 이 일이 일어나지
않았겠지.
revise [*리'*바이즈]

If you had revised every day,
.... this wouldn't have happened.

상황) C 동료(남)를 힘담하던 중 C 동료가 근처에 있었다는 것을 알게
되었습니다. 화를 냅니다.
#A: 왜 말 안 했어?!

.... Why didn't you tell me?!

#B: 걔가 저기 앉아 있었다는 걸 알았다면 내가
말했겠지, "조용히 해, 쟤 바로 저기 앉아 있어!"
If I'd known (that) he was sitting there, I
.... would have said "Shut up, he is sitting right there!"

자! 연습장 끝났으니 놉시다!

우리 몸짱이 되기 전에 before랑 after 사진을 찍어두죠.
왜? 살이 찔 때도 모르게 찌듯 매일 거울을 보면서도 변화를 눈치채지 못하잖아요.

외국어도 마찬가지입니다. before와 after의 기록을 남기지 않는 이상 스스로 얼마나 늘어가는지 감이 잡히지 않는답니다. 그래서 영어로 일기를 써서 기록하면 좋습니다.
왠지 영어는 일직선으로 쭉 늘 것 같지만 실제로는 그렇지 않습니다. 오히려 계단처럼 한번 급성장 했다가 갑자기 정체기가 있고 어느 순간 갑자기 또 올라가고, 다시 정체기처럼 보이다가 다시 한번 실력이 올라가는 과정의 반복이랍니다.

듣기와 말하기를 이 코스 이상으로 늘리려면 자신이 감당할 수 있는 드라마로 하는 것이 좋다고 했죠? 드라마는 앞뒤 상황이 있고, 얼굴 표정과 말투까지 접할 수 있기 때문에 가상현실이 될 수 있어 좋다고 했습니다.
다른 드라마보다 좀 더 영어가 쉬운 편인 〈The Cosby Show(코스비 가족 만세)〉.
의사인 아빠와 변호사인 엄마, 그리고 대학생부터 초등학생까지 자녀가 5명. 대사 한번 읽어볼까요?
딸이 친구에게서 "Rich girl"이라는 말을 듣고는 다른 친구들과 싸움에 휘말립니다. 그리고 고민을 털어놓죠.

#딸: None of this would have happened if we weren't so rich.
None of this 이것 중 아무것도
would have happened 일어나지 않았을 텐데,
if we weren't so rich. 우리가 이렇게 부자만 아니었더라도.
이렇게 말 한마디에도 다양한 기둥과 if가 섞여 나오죠? 계속 가볼까요?
딸의 말에 아버지가 표정을 바꾸면서 말합니다.

#Let me get something straight, okay?
뭔가가 straight(일자)가 아니니까 일자로 내가 get 하게 해달라! 우리말로 '먼저 말은 제대로 하자' 라고 하는 것입니다. 그러면서 왈,

#Your mother and I are rich. You have nothing.
어렵지 않죠?

드라마로 공부할 때 그냥 보기만 하는 것보다 영어 자막이 있는 것이 더 효과적입니다. 가장 좋은 것은 대본을 두고 모르는 단어도 찾고 방금 한 대사를 따라 하면서 보는 것입니다. 무료 대본은 구글에서 쉽게 검색 가능합니다. 일주일에 한 번씩만 해도 얻는 것이 상당히 많을 겁니다. 항상 자신 이 관심 있고 감당할 수 있는 것을 고르세요!

1903

THROUGHOUT

우리 껌딱지 정말 많이 했죠? 영어는 이 껌딱지를 붙여 어떤 느낌
으로 다음 대상을 바라봐야 하는지 제시해줍니다. 그렇죠?

여러분은 이제 껌딱지의 대다수를 익혔습니다.
껌딱지를 문법 용어로는 '전치사'라고 합니다.
전치사의 특징은 기둥 문장이 아닌 명사가 될 수 있는 것들이 붙는다는 것이었죠?

그래서 여러분이 영어 자료를 접하다 모르는 단어가 나와 사전을 찾다 보면 의외의 것이
'전치사'라고 명시되어 있는 경우도 보게 될 겁니다.
하는 짓이 껌딱지 같으면 '전치사'라고 붙여주는 것이죠.

예를 들어 스텝 10[20]에서 배운 according to 같은 것을 사전에서 찾으면 '전치사'라고 분류
한답니다. 왜? 껌딱지 to랑 통째로 다녀서 문법에서 같은 것으로 분류해준 것이죠.

이 코스에서는 '통째로'라고 분류했었죠?
솔직히 이런 '통째로'인 것은 자기들끼리 붙어 다니면서 딱 정해진 몫을 하기 때문에 다른
껌딱지들과 함께하기에는 좀 맞지 않는 구석이 있습니다. 이렇게 통째로인 것은 사전에서
그대로 찾으면 뜻이 바로 나온답니다. 어렵지 않아요.

하나 해볼까요? 격식어입니다.

#Slavery was ubiquitous and constant throughout human history.

Slavery가 ubiquitous [유어쩌구 저쩌구] 였다고 하죠?

WAS 기둥인데 양쪽 다 단어를 알아야 큰 그림이 잡히겠으니 이럴 때 찾아보면 됩니다.

slave [슬레이*브]는 노예, slavery [슬레이*버*리] 는 노예제도.

ubiquitous [유~'비쿠이터스]는 격식어로 '어디에나 있는, 아주 흔한'이란 뜻이랍니다.

노예제도는 아주 흔했었다고 말하는 것이죠?

and constant 그리고 constant 했다고 하죠? 또 찾기 귀찮으면 그다음을 그냥 읽어보세요.

throughout human history. through + out이 합쳐진 겁니다. 보이나요? through도 배웠고, out도 배웠죠? 여기선 합쳐졌네요. 우리 합쳐진 껍딱지로 into, onto를 배웠습니다. (스텝 07[09] / 12[04]) 이렇게 껍딱지가 합쳐진 것을 보면 비슷한 이유로 생겨난 것이라고 보면 됩니다. 이런 껍딱지가 몇 개 더 나올 수 있는데 많이 쓰이는 것도 아니고 보면 쉬워서 지금 굳이 배울 필요는 없습니다.

그럼 throughout을 이용해서 어떻게 감을 잡을 수 있는지 해보죠.

through는 통과하는 것인데 out은 밖입니다, 그렇죠?

그다음 말이? human history. 인류 역사. 다시 말해 인류사를 말하는 거죠?

인류사를 통과해서 밖으로?

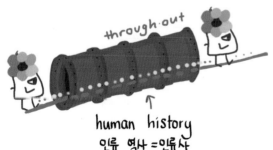

이미지 그려보세요. 인류사가 있는데, 그동안 내내, 지금까지 다 통과해 나온 겁니다.
어디 하나 빼놓지 않고, 쭉~이라고 말하는 거죠.
인류사 동안 쭉~이라 하는 겁니다.
인류사 내내 노예제도는 아주 흔했었다고 하는 거죠.

굳이 constant라는 단어를 몰라도 큰 메시지는 전달되었죠? and constant라는 단어도
and로 연결했으니 뭔가 비슷한 말일 겁니다. 읽기는 이렇게 하면 됩니다.
모든 단어를 다 찾아보면서 진행하는 것은 단어를 많이 모를 때는 벅찰 수가 있어요.
큰 메시지부터 전달되어 알아들을 수 있게 꼭 필요한 단어들부터 찾아나가는 거죠.

constant는 '끊임없는, 거듭되는'이라는 말로 나옵니다. 굳이 몰랐어도 큰 메시지는 바뀌지
않았죠? 이렇게 한 문장을 읽으면서 throughout이란 껌딱지의 감을 잡게 되는 겁니다.
사전에서 그 뜻을 찾아보면 '쭉 내내'라는 단어를 접할 수 있습니다. 그렇게 계속 실전 영어
자료를 접하다 보면 자주 쓰이는 어휘들은 금세 다시 접하게 된답니다.

한 번 더 해볼까요?

#That actor's been to a thousand doctors and hospitals throughout the world, but nobody caught his cancer until the last minute.

That actor's been 저 배우는 HAS + pp 기둥이죠?
to a thousand doctors and hospitals 천 명의 의사들에게 갔었다. 실제 천 명이 아니라 '수도 없는'이란 뜻인데, 영어는 저렇게 잘 쓴답니다. 그리고 의사뿐만 아니라 병원도 나오죠?
throughout the world. 또 나오네요? 이번에는 무슨 이미지가 그려지죠?
throughout the human history 인류사가 있으면 그것을 다 통과해서 지금까지 오는 것이었죠? throughout the world는 세상 이곳저곳 다 통과한 것입니다. 이미지로 떠올리면 쉽게 이해 가죠? 어울리는 우리말은 '온 세상에, 세상 곳곳에'란 번역이 될 수 있겠죠.
껌딱지의 한 가지 느낌을 기억하면서 지금까지 했던 대로 똑같이 대응하면 되는 겁니다. 괜히 영어를 어렵게 만들려 하지 마세요.
나머지 말도 해볼까요?
but nobody caught his cancer until the last minute. 그런데, 아무도 잡지 못했다. DID 기둥이죠? 뭘? 그의 cancer 암이죠.
until the last minute. 마지막 분까지? 이건 막판까지입니다. 늦은 거죠.

한 문장 안에서 다양한 것을 배우고 있습니다.
이렇게 스스로 실전 영어 자료에서 새로운 것을 접했을 때 그것을 찾아보는 것에 익숙해지셔야 합니다. slavery 같은 단어는 매번 안 나오겠지만, 껌딱지는 하나 건너 나올 정도로 흔합니다. 그러니 여러분이 꾸준히 실전 영어 자료 안에서 놀고 접하다 보면 또 금방 보게 되어 있어요. 그러면서 중요한 것들부터 자신의 것이 되어가는 겁니다. 중요할수록 더 자주 만나게 되니까요.

그럼 연습장에서 처음 접한다고 생각하고 throughout을 번역도 해보고 직접 만들어 응용도 해보세요.

상황) 국가재난 통제실.

#전문가: (극심한) 공포가 도시 곳곳에 있습니다! 그리고
지금 조치를 안 하시면 나라 전체로 퍼질 것입니다!

panic=극심한 공포 / act=조치하다 / country / spread=확산되다

There is panic throughout the city.
And if you do not act now, it is going to
spread throughout the country!

상황) 제2차 세계대전 생존자와 인터뷰를 합니다.

#폭격은 밤새도록 계속되었어요.

bombing=폭격 / continue

Bombing continued throughout the night.

#재(남)가 나를 중학교 내내 괴롭혔어.

middle school / bully

He bullied me throughout my middle school.

#저희한테는 겨울 내내 따뜻하게 유지해줄 충분한
장작이 있었어요.

winter / warm / firewood

We had enough firewood to keep
us warm throughout the winter.

#인구수는 19세기 내내 급속하게 증가했습니다.

population / 19th century / rapid=(속도가) 빠른 / increase [인크*리즈]

The population increased rapidly
throughout the 19th century.

#The relationships between mothers and daughters
have sparked psychological debate throughout the
world.

필요한 단어는 직접 사전에서 찾아보세요!

모녀관계는 심리학적 토론을
세계 곳곳에 촉발시켜왔다.

211

상황) 시험 설명에 이런 문구가 적혀 있습니다.
#Candidates will be assessed on their performance throughout the test.

응시자들은 자신들의 수행능력을
.... 시험기간 내내 평가받을 것입니다.

상황) 방송기자가 말합니다.
#We will be broadcasting from the City Concert Hall throughout the evening.

저희는 시립콘서트 홀에서
.... 저녁 내내 방송할 겁니다.

상황) 영화 〈Matrix〉 대사입니다.
#Morpheus: Throughout human history, we have been dependent on machines to survive.

인류 역사 내내, 우리는 살아남기
.... 위해 기계들에 의존해왔지.

연습장 끝! 놉시다!

영어는 그냥 영어입니다. 그렇죠?
그런데 왜 우리는 "학교 영어는 달라요"라는 말을 하게 되었을까요?
시험 문제와 답으로만 영어를 봐서 그런 겁니다.
그래서 국내 영어시험들은 영어의 가장 중요한 목적을 잃어버렸다는 것
을 이미 많은 분이 알고 있습니다.

실제 한미 대통령 공동 기자회견에서 있던 일입니다.

미국 대통령이 한국 대통령에게 'poor president'라는 말을 했습니다. 신문과 인터넷이 떠들썩했었죠.

하지만 그 영어가 쓰인 상황과 맥락을 보고 실전 영어를 접해본 사람이라면 저 말은 미국 대통령이 자신의 긴 답변으로 인해 상대를 곤경에 빠뜨렸다는 식으로, 상대의 난처함을 배려함으로써 직격탄이 아닌 그의 좋은 배려심을 보여주는 말이라는 것을 쉽게 알 수 있습니다.

'poor president' 같은 상황의 말은 'poor girl, poor boy' 식으로 실전 영어 자료를 통해 다른 뉘앙스도 있다는 것을 충분히 금방 접할 수 있는 말이랍니다. 그 많은 영어 단어들과 수능부터 다양한 '스펙' 쌓기 시험 등의 지문을 다 해독했다고 해도 이것이 뉴스화 되어 떠들썩해질 만큼 정작 영어의 이런 쉬운 부분은 모르는 분들이 많은 것이죠.

잘못된 길들은 불행히 아직까지도 여러분 도처에 있습니다. 그 길을 걷지 않는 것은 오로지 여러분 의지에 달려 있습니다.

'어렵다' 하는 생각이 들면 언제든지 버리세요.

드라마 대본이 싫으면 라이브 인터뷰로 영어를 연습하세요. 자신에게 맞는 것을 찾되 꼭 실전 영어로, 본인이 감당할 수 있는 것으로 마스터를 하는 것이 중요합니다. 그럼 시험 영어는 알아서 따라올 수 있습니다. 아셨죠?

19 ⁰⁴

접속부사

However

214

우리 '팬시가든'이라는 말 쓰죠?
fancy라는 영어 단어는 화려하면서 고급스러운 것을 설명할 때 사용하는 단어입니다.
so의 fancy word가 therefore인 것처럼,
'fancy but', 화려한 but은 뭔지 아나요?
바로 however [하우에*버]입니다.

우리말에 '하지만, 그러나'보다 화려한 말이 뭐가 있을까요?
허나! 그렇지마는!

언어가 다르니 정확하게 딱 떨어지지는 않지만, '허나'라는 단어는 상대적으로 적게 쓰죠?
however는 그렇게 살짝 격식적인 but이라 보면 됩니다.
또한 but보다 화려하기 때문에 누군가 however를 쓸 경우 그다음 나오는 말에 반전이 좀 더 클 것
이라 예상하게 된답니다.

however의 기능은 완전 연결끈 같은데, 위치는 연결끈보다 자유롭게 날치처럼 맨 앞이나 뒤, 혹은
기둥 앞뒤에 들어가도 되어서 날치로 분류합니다. 날치이니 부사인 거죠. (스텝 15[1])
위치는 먼저 편한 것부터 익숙해지세요. 다음 문장으로 비교해보죠.

이번 기말시험은 어려웠지만 너희들은 매우 잘했어.
This final exam was difficult but you did very well.
이번 기말시험은 어려웠어. 허나 너희들은 매우 잘했어.
This final exam was difficult. However, you did very well.

however는 화려하기 때문에, 그만큼 BUT 느낌이 강하게 전달되어서 기둥 문장을 연결할 때 전의 말에 마침표를 찍고 새롭게 대문자로 들어갑니다. 엑스트라 자리에 붙을 수 있는 것을 배경으로 깔아줬으니 자연스럽게 콤마도 붙죠. 잠깐 흐름을 끊고 말을 전달하니 상대방이 더 집중하기도 해서 but보다 강할 수밖에 없겠죠?
이것은 날치이니 기둥 주위에 나올 수 있다고 했습니다. 우리말도 그렇게 쓴답니다. 구경해보죠.

#모든 사람이 같은 것을 원하는 것처럼 보이죠. 저는 그렇지만 뭔가 다른 것을 원합니다.
→ Everybody seems to want the same thing. I, however, want something else.
말하다 말고 however를 쓰니 좀 더 귀에 들리게 되죠. but은 저렇게 중앙에 못 넣지만 however는 말 중앙에 들어갈 수 있으니 반전의 메시지 전달을 강하게 해주고 싶을 때 유용합니다. 이런 식으로 중앙에 들어간 것을 접하면 날치가 뛰었다고 보면 됩니다. 감정 실어 다시 읽어보세요.

여러분들 중 something else 말고 something different라고 말한 분도 있나요? 틀린 말 아닙니다! (스텝 10^{02} / 16^{07})
바꿔서 말해볼까요?
→ Everybody seems to want the same thing. I, however, want something different.

자신이 말한 것이 가이드와 다르다고 해서 움츠러들지 말고 자신이 있다면 밀고 나가세요. 메시지 전달 방법은 다양하다고 했습니다.
자! however는 날치로 바라보면 별것 아닌 것처럼 보이죠? 그럼 연습장에서 만들면서 구경해보세요.

연습

상황) 제 분야가 아닌데 도와달라 합니다.

#그건 제가 하는 일이 아닙니다. 그렇지만, 도움을 드릴 수 있는 사람을 제가 알 수도 있겠네요.

Hint: 사람이 '도움을 줄 수 있는' 사람이라면 설명에 기둥 문장이 필요하겠죠?

That's not what I do. However,
.... I might know someone who can help you.

#이 미션은 매우 위험합니다. 허나, 기회를 제공하긴 합니다.

dangerous / opportunity [어포'츄니티] / present

This mission is very dangerous.
.... However, it does present an opportunity.

#자네 실력이 좀 있군. 허나 날 과소평가했어.

skills / underestimate [언더'에스티메잇트]

You got some skills. However,
.... you (have) underestimated me.

#전 원칙에 따라 그것은 안 합니다. 그렇지만, 아이들을 위해서 예외를 둘 수 있을 것 같네요.

원칙을 둔=on principle [프*린씨플] / 예외를 두다=make an exception [익'셉션]

I don't do that on principles. However, I
.... think I can make an exception for children.

#People will be able to identify the cause of their dizziness. However, this symptom may occur without any clear reason.

identify [아이'덴티*파이]=규명하다 / cause [코즈]=원인 / dizziness=어지럼증 / symptom=증상 / occur[어'*컬]=나타나다

사람들은 어지럼증의 원인을 규명할 수 있을 것이다.
.... 그러나 이 증상은 뚜렷한 이유 없이 나타날 수 있다.

217

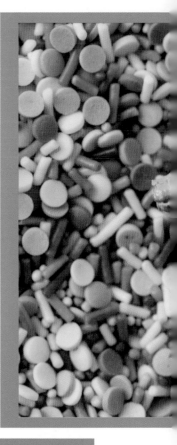

놉시다!
fancy words. 화려한 단어들.
재미있는 말이죠?

지금의 여러분은 몰라도 되는 단어들입니다. 화려하게 쓸 수 있
는 수준이라면 이 코스를 굳이 안 해도 되고, 이 코스를 하는 분
이라면 아직 fancy words를 사용하기에는 너무 이른 겁니다.
영어 단어를 많이 외운 분은 자신이 아는 화려한 단어를 말에
사용하고 싶어 해요. 실제 말할 때는 안 나와도 글 쓸 때는
생각할 시간이 있으니, 그 단어들이 고개를 내밀죠.

문제는 대부분 단어를 단어장으로만 접하고 실전 영어 속에서 접한 분은 많이 없어서,
어색한 영어를 쓰는 분이 정말 많습니다.
우리말로 해석이 같다고 해서 영어도 똑같은 단어로만 바꾸려 한다면 외국어 공부가
마냥 쉽겠죠?

영어는 일상 언어 안에서도 단어를 분류했다고 했습니다.
우리말로도 '생각, 발상, 의견, 신념'이라고 나누기는 하지만 일상에서는 '생각'이란 단어
하나로 말하는 경우가 대다수인데 영어는 일상에서도 일일이 다 분류하며 서로 섞이지
않는다고 했습니다. thought, idea, opinion, belief.
이렇게 간단한 단어들도 이런데, fancy words의 분류는 어느 정도일 것 같나요?

한번은 국내의 한 블로그에 실린 'Let it be'에 대한 설명 아래 어떤 이가 영어로 댓글을
달았답니다.

This article is fastidious, my younger sister is analyzing these kinds of things, thus I am going to convey her.

이 문장은

'이 기사가 매우 세심하며, 내 여동생이 이런 것들을 분석하는데, 그러함으로 나는 그녀에게 전달해 주겠다'라고 번역은 되는데요. 우리말로만 보면 이상하지 않죠.

그런데 실제 영어는 저렇게까지 쓰지 않아서 어색한 말이 됩니다.

fastidious, thus, convey 단어들 자체가 이상한 것보다, 이 Let it be의 블로그에서 단순한 댓글을 다는데 불필요하게 말이 화려해진 것이죠. 내용은 전달되지만 오히려 이 글을 쓴 사람이 실제 영어 자료는 별로 접한 경험이 없나? 하는 의문이 절로 들게 만드는 역효과가 납니다.

영어를 못하는 사람이 옛 서양식 상류사회의 복장인 top hat(탑 햇)에 흰 장갑을 낀 채 뭐 있는 것처럼 폼 잡으려고 만들어내는 영어 느낌이죠. 문제는 현실에서 보지 못하는 영어라는 겁니다.

영어 단어의 거품을 벗기세요. 고급 단어도 각자의 위치와 상황이 있어서 고급 단어만을 남발하면 어색한 영어만을 만들 뿐이고 스스로가 얼마나 실전 영어를 모르는지를 말해줄 뿐입니다.

2015년 11월 JTBC 뉴스에 영국 케임브리지 대학에서 언어학을 전공하는 영국 학생 Ali Abbot [앨리 애벗]이 국내 대학수학능력시험의 영어 문제를 푸는 장면이 나왔었습니다.
이 학생은 세 문제를 모두 틀렸고 너무 어렵다고 했습니다.

자! 그런데 그다음 말이 더 중요하답니다.
"제가 쓰는 영어가 아닌 것 같았어요. 다른 언어 같았어요. 수능에 나오는 단어는 제가 매일매일 쓰는 단어도 아니었고요."

> **jtbc 뉴스** ☰
>
> 앨리는 2011년 수능 외국어 영역 문제 질문을 읽다가 "What(뭐라고요)?"을 연발하는가 하면 2013년 문제를 풀고는 "한국 학생들이 어떻게 이거 해. 나도 이거 못해요"라고 말했다.
>
> 앨리는 "(수능 영어는) 제가 쓰는 영어가 아닌 것 같았어요. 다른 언어 같았어요. 수능에 나오는 단어는 제가 매일매일 쓰는 단어도 아니었고요"라고 말했다.

수능의 모든 문제가 다 그런 것은 아니지만 가끔씩 어려운 단어들을 잔뜩 모아서 한국어로 번역된 뜻으로만 나열하여 실제 영어에서 보이지 않는 말을 만들어내는 경우가 있답니다. 그런데 영어 단어는 그렇게 뜻으로만 나열한다고 되지 않는다고 했죠?
제가 쓰는 영어가 아닌 것 같았어요. 다른 언어 같았어요. 이 말이 그렇게 해서 나오는 것입니다.

외국에서 누군가 한국어 시험을 만들었는데, 죄다 어려운 단어들만 나란히 길게 나열하면서 단어의 특징과 상관없는 어색한 문장 구조를 만들어내서 한국인이 한 문장도 제대로 이해하지 못하게 했다고 생각해보세요. 한국어 단어들과 문장처럼 보이지만 정작 문장 구조와 단어들은 어색하여 우리가 아는 한국어와는 다른 이상하고 희귀한 한국어가 탄생한 것이죠.

케임브리지 대학의 언어 전공 대학생이 어휘력이 짧거나 영어를 못해서가 아니라, 한국대학수학능력시험이 변별력을 중시하다가 어색한 영어가 도를 넘은 것이죠.
정작 배움의 목적, 중요한 것을 잃어버린 것 같죠?
그럼 여러분은 좀 더 고급스럽고 어려운 '한국말'을 배우고 싶다면 어디로 가겠어요?

법률 용어 같은 것은 전문 용어이니 각 분야마다 전문 용어는 있기 마련이고, 우리가 생각하는 좋고 고상한 한국말입니다. 책이나 뉴스로 갈 경우가 많겠죠. 영어 뉴스는 여러분이 상상하는 만큼 그렇게 어렵지 않답니다. 어느 언어건 그렇게 어려운 어휘만을 쓰지 않습니다.

당연히 영어도 매우 어려운 영어가 있습니다. 하지만 국내 시험에서 보는 그런 식은 아닌 거죠.
작가가 아닌 이상 여러분에게 최고 어려운 영어의 목표는 TED 정도의 어휘면 충분하고도 남습니다. 고급 어휘를 접하고 싶은 분은 단어장이 아닌 TED에 가보세요.

TED 사이트에는 transcript가 있기 때문에 발표에 쓰였던 글을 다 볼 수 있답니다.
TED에 사용되는 어휘들은 이미 전문성이 있는 발표자들이 글로 준비해서 발표한 것이기 때문에 실제 사용되는 좋은 어휘를 익힐 수 있답니다.

자! Big words. Fancy words. Formal words. 이것은 미뤄두세요.
TED에 가서 transcript로 공부할 정도가 될 때 그 안에서 접하면 됩니다.
however보다 더 fancy word는 nonetheless랍니다.
매우 격식어는 nevertheless고요. 다 잘못된 곳에 사용하면 이상한 영어가 됩니다!
영어는 단어 싸움으로 하려 하지 말고, 어휘는 실제 영어 자료 글을 읽으면서 그 안에서 같이 넓힌다는 점! 아셨죠?

19 05
숙어

You should do this! 이건 알죠?
너 이거 하는 게 좋겠다. 이거 해야 할 것 같네.
같은 메시지를 전달하는 방법은 다양하겠죠?
다음과 같은 말투도 있어요.

너 이거 하는 게 좋을 거다. 안 하면 피곤한 일 생길 거다.
좀 더 적나라하게 말하면
안 하기만 해봐! 안 하면 후회한다.
영어도 이렇게 말하는 것이 있답니다. 바로,

had better

이것은 통째로 다니며, 기둥 자리에 그대로 들어가면 됩니다.
You had better do this.
HAD + pp 기둥 아니에요! better는 pp가 아니잖아요. '통째로' 다니는 표현입니다.

이 had better를 상대에게 사용하면
'하는 게 좋을걸, 안 하면 후회할걸' 식의 느낌이 전달되는 거죠. 실전에서는 대부분
You had better를 묶어서 You'd better로 사용한답니다. You'd better do this!
연습만 하면 간난하겠죠? 예문 하나 봅시다.

너 나 안 사랑하기만 해봐! 사랑하는 게 네 신상에 좋을 거다!

had better는 협박식 느낌도 살짝 들죠?
둘 다 조언을 할 때 사용할 수 있지만, SHOULD 기둥
에는 예의가 있다면, had better는 직설적인 거죠.
이미 better라는 말이 있잖아요. good에서 온 거 맞
습니다. good이 좋은 거면, '더 좋은'이 better죠.
그렇게 하는 것이 더 좋을 것이다.

예의

협박

기둥 자리에 넣기만 하면 되니까 간단하겠죠? 느낌 살리면서 말해보세요.

#너 여기 오는 게 좋을 거다!
→ You'd better come here!

반대로 "안 하는 게 좋을 거야"라고 말할 때는?
#너 여기 안 오는 게 좋을 거야!
간단합니다.
You'd better는 통째로 다니면서 아예 기둥처럼 하나로 움직입니다. 그러니 NOT 위치는 세 번째에 들어가겠죠?
→ You'd better NOT come here!

다시 직접 만들어보세요.
#너 여기 다시 안 오는 것이 좋을 거다!
→ You'd better not come here again!

다음 문장 보세요.
#내가 비밀을 하나 말해줄 건데, 누구한테도 말하지 않는 게 좋을 거야! (말하면 후회할 일 생김)
> secret <
기둥 고르세요. GONNA 기둥에 had better로 가면 되겠죠?
→ I am gonna tell you a secret but you'd better not say anything to anybody.

You'd better라는 말에서 'd 부분은 워낙 잘 들리지도 않아 아예 쓸 때부터 삭제해버리는 경우도 자주 보게 될 겁니다.
You better라고 쓰여 있는 것을 보면, You'd better라고 보면 됩니다. 다른 뜻의 영어인가 보다 생각했는데 알고 보니 잘못 쓴 영어라면 헷갈릴 것 같죠?

영어에 단어들이 많긴 하지만, 다행히도 기둥들이나 재활용되는 틀은 그리 많지 않습니다. 그리고 단어들이 아무리 많아도, 자주 사용되는 단어들의 수는 한정되어 있거든요. 실전 영어 자료를 접하다 보면 잘못 쓴 영어 안에서도 별 차이 없이 뜻이 전달된다는 것을 알아가게 될 겁니다.
You'd better come. You better come. 이렇게 말이죠.

크리스마스 캐럴 중
〈Santa Claus Is Comin' to Town〉 노래 아나요?
산타클로스가 오고 있는데, 타운에 오고 있는 중이다.
coming인데 어포 붙여서 썼죠? 저런 것은 비격식적인 글에서는 쉽게 보지만 문법적으로는 원래
묶지 않습니다.

가사 보면 무슨 노래인지 알 거예요.
울면 안 돼 울면 안 돼. 산타 할아버지는 우는 아이에겐 선물을 안 주신대.
이 노래를 원본 영어 가사로 구경해볼까요?

Oh! You better watch out,
You'd better죠. 하는 게 좋을 거다,
watch out!
어? 우리말은 "울면 안 돼!"인데 여기서는 '운다'는 말 없죠. watch out은 조심하라고 말할 때 씁니다.
조심하는 게 좋을 거다!
You better not cry.
안 우는 것이 좋을 거다. 두 번째에 cry가 있네요.
You better not pout.
pout [파웃트] 안 하는 것이 좋을 거다. pout는 짜증 내며 뿌루퉁하게 있는 겁니다.

I'm telling you why: Santa Claus is coming to town!
내가 말해주지 ─ 왜인지: 산타클로스가 오는 중이거든, 타운으로.
town은 도시도 되고 동네도 되고 시내도 됩니다. 사람들이 모여 사는 곳이죠. 원래 Santa는 북극
에 살고 있다고 하잖아요.

우리가 부르는 캐럴과 번역이 상당히 다르죠?
궁금하신 분들을 위해 '울면 안 돼~' 가사를 끝까지 보죠.

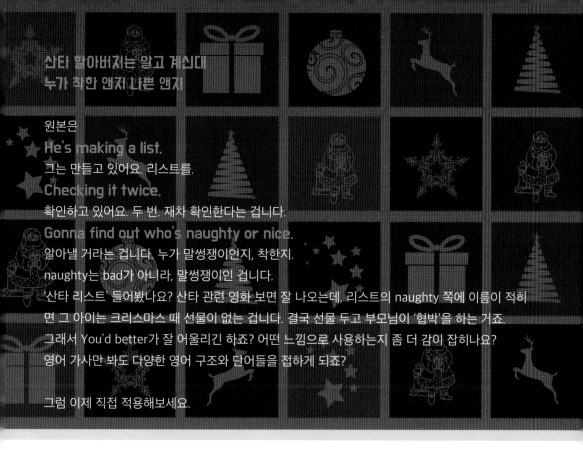

산타 할아버지는 알고 계신대
누가 착한 앤지 나쁜 앤지

원본은
He's making a list.
그는 만들고 있어요. 리스트를.
Checking it twice.
확인하고 있어요. 두 번. 재차 확인한다는 겁니다.
Gonna find out who's naughty or nice.
알아낼 거라는 겁니다. 누가 말썽쟁이인지, 착한지.
naughty는 bad가 아니라, 말썽쟁이인 겁니다.
'산타 리스트' 들어봤나요? 산타 관련 영화 보면 잘 나오는데, 리스트의 naughty 쪽에 이름이 적히
면 그 아이는 크리스마스 때 선물이 없는 겁니다. 결국 선물 두고 부모님이 '협박'을 하는 거죠.
그래서 You'd better가 잘 어울리긴 하죠? 어떤 느낌으로 사용하는지 좀 더 감이 잡히나요?
영어 가사만 봐도 다양한 영어 구조와 단어들을 접하게 되죠?

그럼 이제 직접 적용해보세요.

#우리 수업 늦었어! 빨리!
→ We are late for the class! Come on!
#우리 어서 서둘러야 해, 안
그러면 혼나겠어!
> hurry up / tell off <
→ We'd better hurry up or we are gonna
get told off!
#이것에 대해 신중히 생각해
보는 것이 좋을 거야.
> carefully <
→ You'd better think carefully on this.
#안 그러면 안 좋은 결과들
이 있을 거야!
기둥? THERE 기둥 잘 어울립니다.
→ Otherwise, there will be consequences!
otherwise(스텝 17^07) 말고 or로 써도 됩니다.
→ Or there will be consequences!

consequence [컨씨쿠원스]. 많이 쓰는
단어인데 사전을 찾아보면 '결과'라고 나옵니
다. 보통 '결과'라고 하면 result를 떠올리는
데 result는 시험결과, 연구결과 같은 것을 말
할 때 사용하고, consequence는 행동에 따른
좋지 않은 결과를 말할 때 사용합니다. 책임감
없이 자신의 행동에 대한 결과를 고려하지 않
고, 일부러 벌이려 할 때 이런 말을 잘합니다.
이런 차이를 아는 법은 실전 영어 자료로 가야
자연스럽게 접하게 됩니다!

또 만들어보죠.

#어지러우세요? 잠깐 앉으셔야겠네요.

> dizzy / sit down <

→ Are you dizzy? You'd better sit down.

보다시피 항상 협박식은 아니죠? '오래 사세요'가 좋은 내용의 명령 기둥인 것처럼 말이죠. 말의 내용에 따라 바뀔 수 있는 거예요.

그럼 마지막으로 비교해보고 연습장 가죠.

하기 싫어하는 사람한테 충고한다고,

"You should do this!" 이렇게 말하면

#내가 왜 해야 하는데?

→ Why should I?! 이렇게 반응이 나올 수 있겠죠. (스텝 17^08)

"You'd better do this!"라고 말하면 대꾸가,

안 그러면 뭐? 어쩔 건데!? 영어로 "Or what?" 식의 반응이 나올 수 있고요.

그러니 had better를 쓸 때는 조심해야 된다는 것을 기억하면서 지금 차이를 연습장에서 구별하며 만들어보세요.

#A: 나 오늘 미용실 갔었어! 나 어때 보여?

hairdresser

.... I went to a hairdresser today. How do I look?

#B: 나 말 안 하는 게 좋을 거 같아.

.... I'd better not say.

#A: 왜?! 나 그렇게 안 좋아 보여?

.... Why?! Do I look that bad?

#내 방 좀 봐! 정리 좀 하는 게 좋겠다.

tidy up

.... Look at my room! I'd better tidy up.

#이건 너희 엄마한테 아직은 언급하지 않는 게 좋겠다.

mention

.... We'd better not mention this to your mom yet.

#이 상황이 더 안 좋아지겠네! 당신이 뭔가 해야 될 거 같은데, 그리고 그걸 지금 해야 되겠어!

situation / worse

This situation is gonna get worse! You'd better
.... do something and you'd better do it now!

상황) 다른 동료의 아이디어를 실행하는 중. 그런데 매우 고된 일입니다.

#이거 안 되기만 해봐! (되는 게 좋을 거야!)

work

.... This had better work.

#엄마: 차에 타! 타라니까! 엄마 셋까지 셀 거야! 너희 둘 다 차 안에 타 있는 게 좋을 거야!

say / count

Get in the car! I said, "Get in!" I'm going to count
.... to three! And you two had better be in the car!

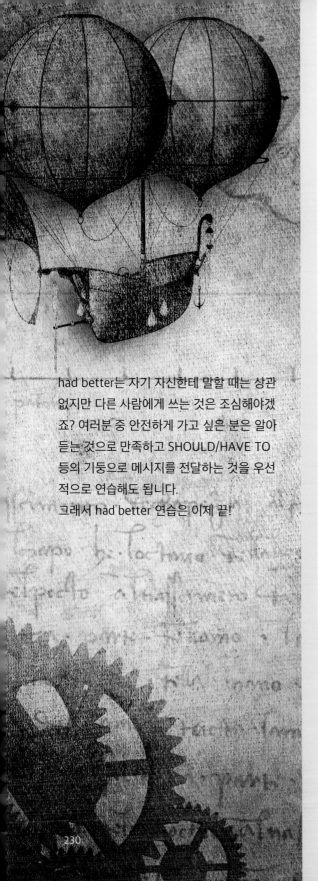

had better는 자기 자신한테 말할 때는 상관 없지만 다른 사람에게 쓰는 것은 조심해야겠죠? 여러분 중 안전하게 가고 싶은 분은 알아 듣는 것으로 만족하고 SHOULD/HAVE TO 등의 기둥으로 메시지를 전달하는 것을 우선 적으로 연습해도 됩니다.

그래서 had better 연습은 이제 끝!

놉시다!
그런데 HAD + pp 기둥과 관련도 없는 데 이렇게 헷갈리게 전혀 다른 뜻인 had better가 굳이 같은 트랙에 나와야 했느냐고요?
이런 것이 안 좋은 교육 방식이죠? 학생들 헷갈리게 하는 방식.
흐흐, 여러분이 이미 탄탄해져서 한 번 예를 들어보려 넣어봤습니다.
영어 교육에 이런 식의 설명이 너무 많거든요. 생긴 것은 완전 비슷한데 막상 다른 것들이나 너무 비슷하게 생긴 단어들을 나란히 두고 비교하면서 설명하는데 문제는 전혀 다른 뜻이나 다른 방식으로 사용될 때!

생선 중 '병어'와 'Pompano [폼파노]'를 앞에 두고 누군가 저보고 그 차이를 찾아보라고 하는 것과 마찬가지입니다.
둘 다 생긴 것이 비슷한데 전문가들 말로는 같은 과에 속하지도 않는답니다. 실제로 직접 보면 다를 것 같지만 시험에서 글과 이미지로로만 봐야 한다면? 이러면 구별하기 힘들겠죠? 그런데 일상에 그런 영어 설명이 많답니다. 보여드리죠.

nurture와 nature
through와 thorough

Nurture   vs.   Nature

Through   vs.   Thorough

nurture는 발음이 [널쳐] 양육하다,
nature는 [네이쳐] 자연.

through는 [*쓰*루] ~통해서,
thorough는 [*써*로] 철두철미한, 빈틈없는.
발음 자체도 다르고 문법 사용법도 다른데 이렇게 나
란히 두고 비교하며 헷갈리지 않도록 설명합니다.
적힌 것만 보면 완전 비슷해 보이죠?
'그림/형태'로만 보면 말이죠.

이것도 영어,
꼬부랑 형태로 보임

이래서 문장 안에 직접 사용된 단어를 익혀야 하는
겁니다. 사용법을 익혀놓으면 단어가 '형상'이
아닌 '뜻'으로 보이게 되거든요.

<바라다>와 <바래다>
<술수>와 <수술>

술수   vs.   수술

뜻을 익히면 의미도 보임!

서로 뜻이 전혀 다른 단어잖아요?
외국인이 보면 둘이 비슷하게 생겼겠지만 단어
뜻을 아는 우리는 굳이 그렇게 볼 필요가 없다는
것을 알고 있죠.

초반부터 이렇게 비교해서 설명하면 다 헷갈릴 수 있
겠죠? 실전 영어 자료를 위해 설명서가 필요할 때 헷
갈리게 하는 설명은 항상 피하는 것 잊지 마세요!

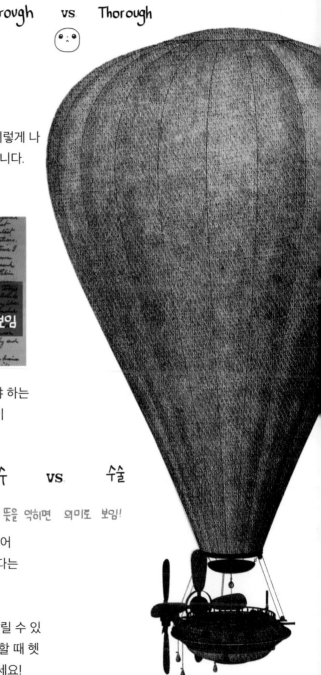

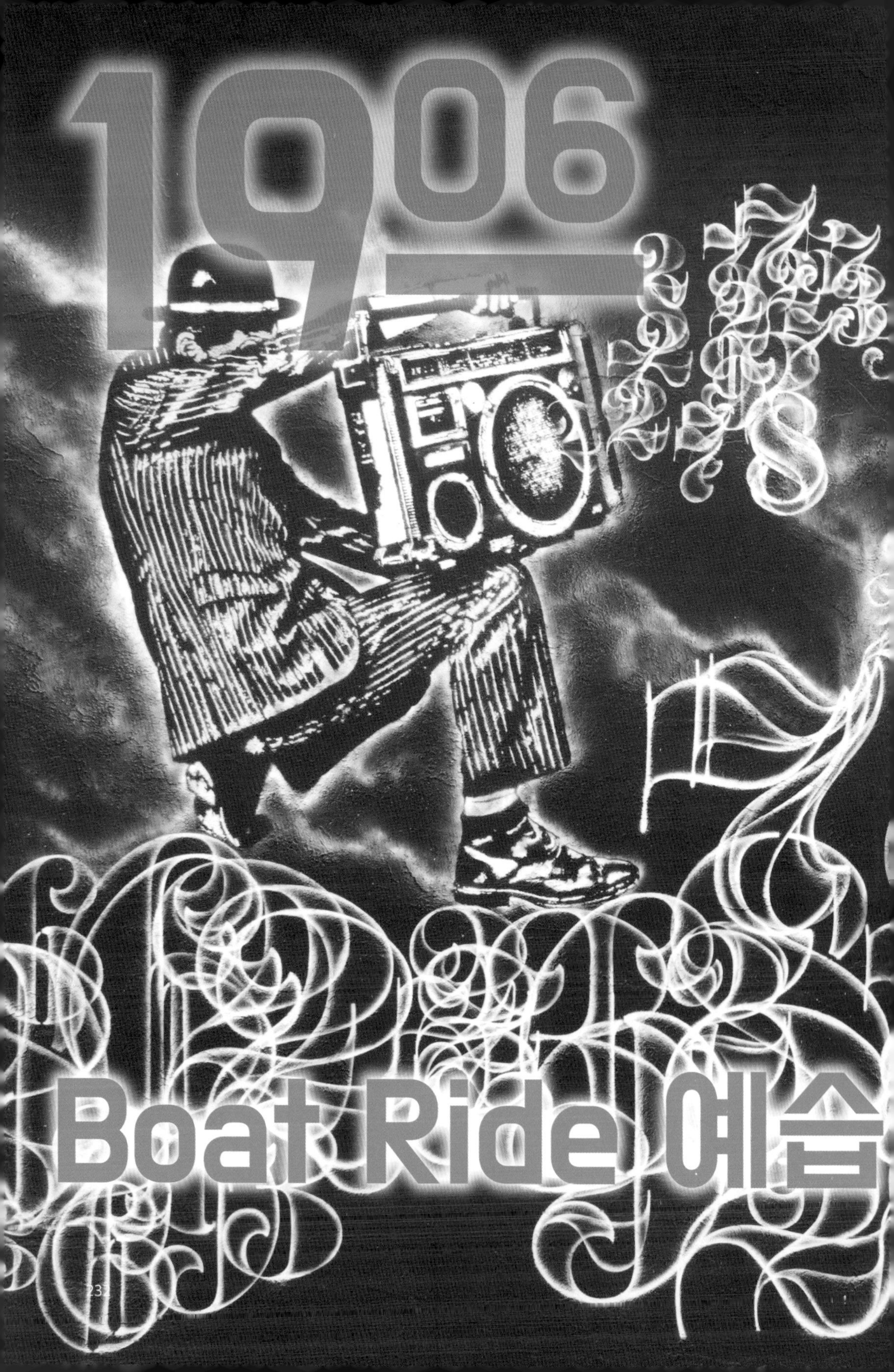
1906
Boat Ride 예습

영어 학원에 가면 등록 전에 꼭 테스트를 하게 되어 있죠? 운동으로 말하면 단이나 급처럼 영어도 레벨이 있기 때문에 당연히 필요한 과정입니다. 그런데 아쉬운 점은 등록을 노려서 영어를 얼마나 못하는지 불필요하게 학생을 위축시키는 곳이 주위에 많이 있더군요.

저의 영어도 완벽하지 않습니다.
영어권 대학에서 영문학을 전공하여 국내에서 영어를 가르치는 원어민 선생님들의 영어조차도 완벽하지 않습니다.
영어권 국가에서 전문으로 문법 교정하는 원어민 전공자들도 같은 글을 주면 다르게 교정합니다.

그러니 영어를 외국어로 하는 여러분은 움츠러들지 말고 외국어 하나 더 한다는 것에 자부심을 가지세요.

자! 우리가 수학 전공자가 아니더라도 아이가 수학을 가르쳐달라고 하면 다들 선생님이 될 수 있듯 영어도 마찬가지랍니다. 내가 다른 사람들보다 더 잘 알고 있다면 가르쳐주는 상황이 생길 수 있죠.

가르치다 보면 오히려 더 많이 배우게 되거든요.
여러분도 될 수 있고 저도 될 수 있는 이 선생님의 직책을 Teacher Who라고 불러보죠. 선생님이면 평가를 내려야 하죠? 다른 이의 영어에 평가를 내릴 때는 우선순위를 두는 것이 좋답니다.

영어에 콤플렉스가 있는 학생부터 틀리는 것을 두려워하는 학생도 많기 때문에 자질구레한 것까지 초반에 다 고쳐주면 학생이 움츠러들게 되거든요. 외국어 습득에는 독이겠죠?

Teacher Who

실전 영어는 무대 위에 올라가는 라이브 연주와 비슷하다고 했잖아요. 연주가가 움츠러든다고 생각해보세요. 본인의 원래 실력도 스스로 의심하기 시작합니다.

그럼 영어를 4분야로 나눠서 Teacher Who로서 어떻게 도와줘야 하는지 짚어보죠.
Speaking!
기둥 구조는 틀렸으면 고쳐주는 것이 좋습니다.
두비, 카멜레온은 당연히 중요하고 두비는 왜 틀렸는지 이해시켜주고 카멜레온의 경우는 어디다 팔아먹으면 안 된다는 것—계속 상기시켜줘야 합니다.

발음?
p나 f 발음 차이는 잘못하면 꼭 지적해서 고쳐줘야 하지만 그 이외 나머지는 상대가 알아들으면 통과. 멋을 내고 싶으면 섀도잉 기법으로 가능하다고 했습니다. (스텝 01[05])

기둥 구조만 잘 맞춰주면 그때부터 선생님의 중요한 몫은 열심히 들어주고 반응해주는 것입니다.
실제로 중요한 역할입니다.
상대가 자신의 스토리에 관심이 있다는 생각이 들면 더 말을 열심히 하게 되잖아요. 그런데 내가 말할 때마다 상대가 답답해하는 것 같아 보이면 우리 어떻게 해요? 금방 입을 다물게 되죠.

그래서 Speaking 연습을 할 때 자신과 비슷한 레벨의 친구나 동료 파트너와 하는 것이 제일 좋다고 한 겁니다. 비슷한 레벨이면 자신의 연습을 위해서 서로 열심히 말하고 열심히 들으려 하거든요.

어떤 분은 카이스트대를 졸업하고, 미국 캘리포니아 공과대학을 졸업했는데, 캘리포니아에서 자신의 영어를 듣고 교수가 한숨을 쉬었다고 하더군요.
문제는 그분이 영어를 못하는 것이 아니라, 영어를 '고급스럽게, 어디서 접했던 문장으로만' 말하려 해서 말하기 전에 생각을 너무 오래하는 것이었어요.

영어는 대화라고 했죠.
상대가 바보가 아닌 이상 다 알아듣게 되어 있답니다. 그러니 어떻게든 대화를 이어가는 것이 가장 중요합니다. 어느 분야나 상대는 여러분이 영어를 어떻게 구사하는지는 관심 없고 그 내용을 더 듣고 싶어 합니다.
그러니 학생이 말하기 전에 생각을 너무 오래한다, 너무 질질 끈다, 하면 얼른 잡아줘야 합니다.

쉬운 단어로 빠르게 자신의 메시지를 전달하는 것! 모르는 단어가 나오면 풀어서 말하는 유연성, 설명을 하여 상대로부터 단어를 유도해내는 실력. 이것들이 가장 중요합니다.

자신의 전문 분야 용어는 그 분야의 잡지나 서적 한 권만 사도 웬만한 것은 금방 터득하게 된다고 했습니다. 드라마도 매우 좋고요.
〈Frasier〉라는 TV 시리즈를 보면 Bill Gates가 카메오로 등장하고, 〈The Big Bang Theory〉에는 Stephen Hawking과 Tesla 대표인 Elon Musk가 등장합니다. 〈The Office〉에는 Warren Buffet이 등장하고요. 각자 학생이 좋아하는 분야의 것을 찾아주세요.

그럼 Listening을 봐줄 때는?

학생이 쉽게 이해할 수 있는 Reading 자료를 오디오로도 함께 듣게 해주는 것이 좋습니다. 요즘 오디오 북 많죠? Listening을 잘하려면 먼저 자신이 다양한 틀로 말을 할 줄 알면 훨씬 더 빨리 실력이 상승한다고 했잖아요. 쉬운 문장으로 예를 보여드리면 'I can eat'을 'I can it'으로 듣는 실수를 하지 않는 방법은 바로 틀을 아는 것이겠죠?

그리고 모르는 구조가 나올 때는 항상 예를 들어주세요. 예를 들어 새로 배운 단어를 '형용사잖아'라고 설명하면 학생이 이해하는 데 3초 걸리지만, "'pretty girl'에서 pretty 같은 단어잖아" 하면 한 방에 문장에서 어느 위치에 들어갈 수 있는지까지 알게 됩니다.

지금껏 학생이 확실히 소화한 단어나 틀과 비교해서 설명하면 훨씬 더 빨리 실전 영어에 적용할 수 있습니다.

Listening을 Reading 자료를 두고 한다면 그 틀을 직접 보면서 할 수 있으니 두 마리 토끼를 한 번에 잡을 수 있겠죠?

그리고 같은 Reading 자료로 듣기만 하고 받아쓰기를 하는 것도 도움이 될 수 있죠.

한 번 했던 내용이라면 듣기가 훨씬 더 쉬워지니 탄탄해질 수 있는 연습이 될 수 있잖아요.

속도를 다르게 하여 처음에는 천천히, 그 후 서서히 빠르게 하면 더 수월할 겁니다.

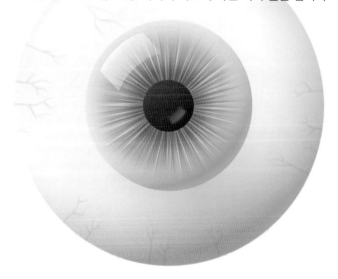

Teacher Who가 Writing을 도와줄 때는?

a, an 같은 것부터 if에 속하는 다양한 스텝들. 이런 것을 틀렸다고 해서 처음부터 다 고쳐줄 필요는 없습니다. 그냥 고쳐주지 마세요! 먼저 가장 큰 것, 가장 중요한 것부터 고쳐주세요!

기둥 구조부터 메시지가 제대로 전달 안 된 것들. 읽고 이해가 불가능한 것들을 고쳐줘야 합니다. 보세요. 중요한 것과 중요하지 않은 것들이 다 같이 빨간펜으로 그어져 있으면 배우는 학생의 입장에서는 뭐가 중요한 것인지 아닌지 모르고 다 같은 눈으로 보게 됩니다. 온 사방에 보이는 빨간펜 자국에 자신감만 잃고요. 중요한 것부터 집중해서 고쳐나가면 자질구레한 것은 나중에 자신들이 알아서 익혀나갈 겁니다.

좋은 Teacher Who가 되기 위해서는 지금부터 알지 않아도 되는 것들은 안 가르쳐주는 것도 필요합니다. 학생들이 이미 배운 것을 자기 것으로 만들어낼 시간도 주지 않은 채 단순히 '가르쳐준다'는 의무감 속에 다 가르쳐줘 버리면 오히려 습득 효과가 떨어지니 좋은 방법이 아니겠죠.

거기다 '이것은 확실히 덜 쓰인다'는 설명도 없이 가르쳐주면 학생들은 이미 배운 것까지 헷갈릴 수밖에 없을 것입니다.

자, 이제 다음에 소개될 것이 바로 그런 예입니다. 솔직히 그냥 넘겨버리고 싶은 마음이 굴뚝같지만 국내 영어에서 중학교 과정 때 등장하니 어쩔 수 없이 소개합니다. 대신! 그냥 손만 흔들면서 지나치는 식으로 갈 겁니다. 무슨 말이냐고요?

우리 놀이동산에 가보면 'Small World ride' 있죠?
〈It's a small world!〉라는 노래가 흘러나오는 놀이기구로 배 타고 돌아다니면서 각 나라를 짧게 짧게 구경하면서 지나가잖아요. 거기 보면 애들이 다 손 흔들고 있죠?

어떤 나라들은 보자마자 알아채기도 하고, 어떤 나라는 생소하기도 합니다. 하지만 배는 계속 흘러가니 그런 생소한 것들 중 의식에 남는 것도 있고 또 잊어버리게 될 것도 있지만 어쨌든 우리는 손 흔드는 것을 구경하면서 계속 지나쳐 가잖아요.

이번 스텝은 그렇게 다양한 것들을 지나칠 겁니다. 그러니 '밖에 있는' 실전 영어 자료에 이런 것들도 있나 보구나 하는 마음으로 바라보면서 마스터해야 한다는 고민 없이 손만 흔들며 구경해보세요.

1st stage

Despite his incompetence. the boss is prepared to give him a chance again.

despite [디'스파잇트] 그의 incompetence [인'컴피턴스],
콤마가 나왔으니 뭔가 배경으로 깔린 거죠. 요점으로 들어가보죠.
the boss is prepared 보스가 준비가 되었대요. BE + pp 기둥이죠.
to give him a chance again 그에게 줄 준비가 되었다. 뭘? 기회를. 또 주는 거죠.
Okay. 보스가 그에게 기회를 또 줄 준비가 되었다는데 그럼 앞에 배경은 뭘 말하는 걸까요?
despite를 사전에서 찾아보면 '~에도 불구하고'라면서 '전치사'로 소개한답니다.

전치사는 껌딱지처럼 기둥에 못 붙고 명사에 붙는 것이었죠. up, in, 이런 것들이죠.
그럼 그다음 **incompetence**를 찾아보는 것이 좋겠죠? '무능함'을 뜻합니다. 업무처럼 자신의
실력이나 기능이 무능할 때 잘 쓰는 말.
그의 무능함에도 불구하고, 기회를 또 준다는 거죠. 아하~ 좀 더 이해하기 편하죠.

despite, 이렇게 새로운 단어를 찾을 때 사전에서 나온 문법 용어 뜻이 무엇인지 모르면 이 코스에서
제공하는 문법 용어와 비교해서 찾아 익히세요. 단어가 들어갈 수 있는 위치를 알면 사용법을 알게
됩니다. 그렇게 접한 후 사전에서 쉬운 예문을 보면서 더 익히면 되겠죠? 그럼 지나갑니다.
Wave~ Bye~~

2nd stage

A: Do you ever think about getting remarried?
B: I am divorced.
A: Hence the word "remarried."

마지막 hence [헨스]만 모르겠죠?
사전에서 찾아볼까요? '이런 이유로' 하면서 (격식)이라고 소개하네요.
이것은 therefore와 비슷하다고 보면 됩니다. (스텝 04[12])
격식어는 조심히 사용해야 한다고 했죠? 격식어를 접할 때는 이렇게 뜻만 이해한 후 나중에 실전 영어를 통해 사용법을 접하면서 서서히 익히는 것이 좋습니다. 그러니 뒤로 미뤄두세요.
Wave~

3rd stage

What your grandfather has done is indeed a remarkable achievement!
당신의 할아버지가 하신 것은 = indeed a 놀라운 업적이다?

indeed [인'디~드] 처음 나왔죠? 사전에서 찾아볼까요? '정말, 참으로, 사실' 이런 뜻으로 나오네요. '부사'라고 하니 날치라고 생각하면 되겠죠? 쉽게 위치를 움직일 수 있는 기능이 있는 거죠.

유의어를 보면 certainly, definitely, really 등이 나온답니다. (really 스텝 04[17])
어떤 느낌인지 보이죠?
이렇게 유의어 가운데 이미 배웠지만 아직까지 익히는 단어가 있는데 그러는 중 새로운 어휘를 접할 때는 그것까지 동시에 외우려 하지 말고 접하고 넘기세요. 하나씩 소화하면서 새로운 것을 접하는 것이 나중에 다양한 어휘를 제대로 사용할 때 더 안전하답니다.
Wave~

4th stage

화면에 이런 말이 나옵니다.

Have you no control?

어? Do you have no control? 아닌가?

넵! 자주 사용하는 것은 아니지만 가끔 저런 구조로도 쓰이는데 영상 자료로 보면 쉽게 이해할 수 있겠죠?

문장 중에서 기둥 문장 이상으로 움직일 때는 그 문장 자체가 워낙 뻔히 보이기 때문에 옛날 말이 여전히 사용되는 것이니 굳이 따로 배우지 않아도 이해가 된답니다. 그러니 새로운 것을 봤다고 너무 고민하지 말고, 이해되는 대로 편하게 바라보세요.

Wave~

5th stage

You want to fight him?

저 남자랑 싸우고 싶다고?

I will have you know that he is a black belt.

I will have you know?

"I will make you suffer"와 같은 틀이라 보면 됩니다. (스텝 04[24])

널 알도록 하겠다는 것인데, make보다 아예 자신이 have를 하겠다고 하는 것이니 잘못 사용하면 거만하게 보일 수도 있겠죠. 확실히 그 일이 일어나도록 내가 '갖겠다'라고 하는 거잖아요.

가장 많이 쓰이는 것은 "I will have you know"입니다.

'네가 알아야 할 것 같아서 내가 분명히 말해주는데' 식의 느낌으로 말하는 겁니다.

I will have you know that he is a black belt.

모를까 봐 내가 확실히 말해주는데 그 사람 검은 띠 유단자야.

Wave~~

6th stage
With all due respect. I do not agree with you. sir.
껌딱지인데, 모든 due [듀] 존중? due라는 단어를 사전에서 찾아봐도 무슨 뜻인지 모를 때도 있을 겁니다. 그럴 때는 통째로 번역기나 사전에 돌려보세요.
'외람된 말씀입니다만, 죄송합니다만,' 식으로 나오네요. 아하~

배경이니 그다음을 보죠. 동의하지 않는데요, 당신과, sir. 오, 예의를 차려준 거죠?
이렇게 사전에서 단어를 찾아봐도 잘 모르겠으면 번역기로 돌려보세요. 그래도 안 되면, 모르는 부분만 통째로 검색해보세요. 이렇게 통째로 움직이는 것들은 실전 영어 자료에 가면 종종 보게 되거든요.
Wave~

7th stage
The government has neither confirmed nor denied.
정부가, 무슨 기둥이죠? HAVE + pp입니다.
neither [나이*더]를 몰랐다고 해도, confirmed [컨*펌~드]해서 [이드]로 끝났잖아요. 기본 쉬운 단어들에 불규칙이 많지 나머지 단어들은 대다수 규칙이라고 했죠?

confirm은 '사실임을 확인해주다'입니다.
nor는 모른다고 해도 denied [디'나이드]는? deny가 원형으로 '사실임을 부정하다'입니다.
자, 단어만 알면 대충 큰 메시지가 전달될 것 같죠?
neither는 'Me too' 대신 'Me neither'로 '원래 나도 아니다'라고 할 때 쓴 단어였죠? (스텝 07[16])

either A or B의 경우는 스텝 09[16]에서 배웠고 둘 중 하나였죠?
neither A nor B를 보세요. 둘 다 앞에 n이 붙어 있잖아요. A도 아니고 B도 아니라는 겁니다.
이건 either에서 neither로 간 것이라 보면 쉽게 이해할 수 있겠죠? either를 실전에서 말하기도 벅찬데 neither까지는 시간이 걸릴 것이니 서두르지 마세요. Wave~~

241

8th stage
Somebody ought to help the poor guy.

ought [오웃트]?
outhg to는 HAVE TO 기둥처럼 보면 됩니다. 뜻도 비슷하지만 비교도 안 될 정도로 덜 쓰이기 때
문에 굳이 여러분이 익혀야 할 필요가 없답니다. 여러분은 그냥 아는 기둥으로 말하면 됩니다.
Wave~~

8개의 무대를 거쳤네요.
마지막 무대에서는 꼭 가장 대표적인 나라가 나오죠?

이 ride에서 대표적인 것이 바로 이 19번 기둥.
알죠? 오랜만에 만들고 정리하죠.

242

#어제 팩스 보냈다고 그쪽 비서분한테 오늘 아침에 말씀 드렸는데요.

> assistant [어'씨스턴트] <

오늘 아침 비서분한테 말했던 거죠?

I told your assistant this morning.

extra **팩스 보냈다고.** 어떻게 연결하죠? 내가 팩스를 보냈던 거죠.

기둥 다 들어가야겠죠, that 한 후 내가 팩스를 보낸 것인데,

이미 그 행동은 어제 보냈으니 끝난 것이죠? 그래서 HAD + pp로 씁니다.

I had sent the fax yesterday.

→ I told your assistant this morning that I had sent the fax yesterday.

이번에는 기둥을 묶어서도 말해보세요.

→ I told your assistant this morning that I'd sent the fax yesterday.

이렇게 묶으면 pp가 규칙일 경우는 그냥 DID 기둥처럼 들릴 것도 같죠? 그래서 많은 분이 DID 기둥으로도 잘 써버린답니다. 하지만 BE 쪽으로 가면 확실히 차이가 납니다. 볼까요?

다음 문장을 만들어보세요.

243

#사장님(Dave)께 저번 주에 제가 아팠었다고 말씀드렸는데.

> sick <

위의 것이랑 완전히 같은 틀입니다.

→ I told Dave that I had been sick last week.

묶어볼까요?

→ I told Dave that I'd been sick last week.

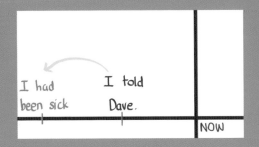

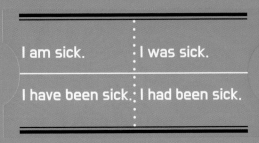

Dave한테 말하기 훨씬 전에 아팠어서 그 타임에 시간 차이를 두고 싶다면 기둥을 다르게 써주면 된다는 것. 어렵지 않죠? 그래도 명색이 기둥인데 또 해볼까요?

#저번 달에 저한테 급한 집안일이 있었다고 말하지 않았나요?

> family emergency [이'멀전씨] <

→ Didn't you tell me that you had had a family emergency last month?

HAD + pp 기둥이니 had had가 당연히 들어가죠? 단어 반복되는 것은 영어에서는 전혀 중요한 이슈가 아니라고 했습니다. 틀대로 가면 된다는 것 알죠?

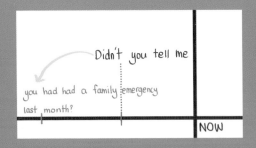

HAD + pp를 글로 쓰는 것은 시간을 감지하면서 쓰면 감당할 수 있을 것 같죠?
시간여행을 한다고 생각해보세요. 과거로 갔다가, 거기서 더 그 전의 과거로 돌아가려는 느낌이 들 때 꺼내 쓰면 되는 것입니다.

자! 이 스텝에서 배웠던 모든 stage들은 다 잊어버려도 됩니다. 다른 곳에서 보면 또 떠오를 겁니다. 이렇게 영이를 제대로 터득하기 위해 먼저 옆에 제쳐두어야 할 것도 있는 겁니다.

그럼 ride도 탄 겸 마지막은 아인슈타인이 만든 수수께끼로 놀아보죠.
인류의 2퍼센트만이 암산으로 풀 수 있다고 했다던 그 수수께끼. 재미있답니다.
영어로 드릴 테니 뇌운동하며 재미있게 놀아보세요.

Einstein's riddle

The situation

1. There are 5 houses in five different colors.
2. In each house lives a person with a different nationality.
3. These five owners drink a certain type of beverage, smoke a certain brand of cigar and keep a certain pet.
4. No owners have the same pet, smoke the same brand of cigar or drink the same beverage.

The question is: Who owns the fish?

Hints

- the Brit lives in the red house
- the Swede keeps dogs as pets
- the Dane drinks tea
- the green house is on the left of the white house
- the green house's owner drinks coffee
- the person who smokes Pall Mall rears birds
- the owner of the yellow house smokes Dunhill
- the man living in the center house drinks milk
- the Norwegian lives in the first house
- the man who smokes blends lives next to the one who keeps cats
- the man who keeps horses lives next to the man who smokes Dunhill
- the owner who smokes Blue Master drinks beer
- the German smokes Prince
- the Norwegian lives next to the blue house
- the man who smokes blend has a neighbor who drinks water

19<u>⁰⁷</u>

Planet ride 예습

저번 스텝 어땠나요? 배 타고 지나가면서 여러 개 구경만 했죠? 이번 스텝에서는 여러분이 배운 Planet들 중에 한 번 더 업그레이드 될 수 있는 것을 접할 텐데 이것도 마찬가지로 인사만 하고 가면 됩니다. 굳이 몰라도 다른 것으로 메시지 전달이 가능하니 편하게 보기만 하세요.

저번 스텝에서 Bill Gates가 카메오로 출연했다는 〈Frasier〉 나왔었죠? 주인공인 형은 라디오에서 정신과 상담을 하는 프로그램을 진행합니다. 그중 한 장면을 읽어보죠.

상황) Doug라는 사람이 전화 상담을 시작합니다.

#Doug[더그]: Look, it's about my mother.

저, 저희 어머니에 관련된 건데요.

#She's getting on now.

어머니가 getting on 하는 중이래요. 무슨 뜻일 것 같아요?

얻는데, 뭔가를 표면에 닿게 해서 얻는 것이죠? 이것은 '나이가 들어간다'는 뜻이랍니다. 이미지 그려
지죠? 영한사전에 정의가 없을 때는 Google에서 'get on meaning'으로 검색해보세요. 그럼
Cambridge나 Oxford 사전에 나온답니다. 이 사전들에서 제공되는 예문은 쉬우니 직접 확인해보세요.

#She's getting on now and she doesn't have much of a life.

이제 나이도 들어가시고, 인생의 많은 것을 안 가지고 계신다죠?

영어는 누군가 인생을 즐겁게 살지 않고 좋은 인생을 낭비한다는 느낌이 들 때 'Get a life!'라고 한답
니다. 강한 말이어서 모욕을 줄 수 있는 말입니다. 상대의 인생이 인생이 아니라고 하는 거잖아요.
"She doesn't have much of a life"라고 하는 것은 돌려서 약하게 말한 거죠.

자! 한 문장 안에 'get on'도 있고, 'get a life'에서 온 문장도 있는데, 이런 말을 모른다면? 그냥 그렇게 모르는 대로 가는 겁니다. 그러다 다른 곳에서 좀 더 쉬운 'Get a life!'를 접하면서 응용도가 느는 겁니다. 확실히 알고 싶으면 영어로 구글에서 궁금한 말을 입력하고 meaning으로 검색해보면 되겠죠? 두 사람이 나누는 대화를 더 읽어보죠.

FRASIER

#And she doesn't want to do anything or go anywhere,
그리고 아무것도 하고 싶어 하지 않으시고, 어디에도 가고 싶어 하지 않으시고,
and she literally hangs around the house all day.
그냥 literally hang around 하세요 / 집에서 / 하루 종일.
자! literally [리터럴리] 분해해볼까요? literature [리터*레쳐]는 '문학'.
literal translation은 문자 그대로 하는 번역. 이게 '직역'입니다.
literal에 ly 붙이면 literally, '문자 그대로, 정말로'라고 말하는 거예요.
어머니가 문자 그대로 hang around 하는 것이죠.
그럼 hang around는?
hang out 배웠죠? (스텝 04²¹) 모여 놀 때 사용했죠.
hang around는 뭔가 특정하게 하는 것 없이 한 장소에서 배회하는 겁니다. around니까 돌아다니는 것이 그려지죠?
#I mean, it's very frustrating.
제 말은, 그게 매우 답답해요.

그러자 Frasier가 대답합니다.
#Frasier: I'm sorry Doug, can we just go back a second?
미안한데요, Doug 씨. 우리 돌아갈 수 있을까요? 잠깐만?
#You said your mother literally hangs around the house.
말씀하시길, 어머니가 말 그대로 hang around 한다고 했는데.
#Well, I suppose it's a pet peeve of mine.
어, I suppose는 I guess로 보면 된다고 했죠? (스텝 14¹⁹)
pet peeve of mine. 저의 pet peeve인 것 같다고 하는데 pet peeve가 뭔지 모른다고 하고 계속 읽어보죠.

#To literally hang around the house you'd have to be a bat or spider monkey.
To literally hang around TO 다리 나온 겁니다.
문자 그대로 hang around 하려면
the house 집에서
you'd have to be a bat or spider monkey. You would 기둥 나온 것 보이나요?
You would have to be a bat 박쥐나 거미원숭이가 되어야 한다고 말한 겁니다.
'문자 그대로 집에서 배회하려면, 박쥐나 거미원숭이가 되어야 겠죠.'

#but I suppose what you mean is that she figuratively "hangs around" the house.
그런데 I guess / Doug 씨가 말한 의미는 / = / 어머니께 서 figuratively [*피거*레티*블리] "hangs around" 하 신다고 거겠죠. 같은 말에서 literally가 figuratively로 바뀐 것이 다예요.
figuratively는 '비유적으로'라는 뜻.
결국 '비유적으로' 어머니가 hang around 한다고 말해야지 '문자 그대로' hang around 한다고 하면 진짜 hang 해서, around 해야 하니 이미지가 이 상하게 전달된다며 상대에게 단어를 잘못 말했다고 지적한 겁니다.

이 주인공이 유난한 거죠. 그래서 pet peeve라고 먼저 말하고 들어간 겁니 다. pet peeve는 대다수 사람들이 신경 쓰지 않는 별것도 아닌 것에 개인적 으로 너무 싫은 감정이 드는 것을 말합니다.
여기서 주인공의 pet peeve는 누군가 문법을 틀리게 말하는 것을 싫어하는 거죠. 먼저 pet peeve라는 말을 쓰면서 '자신이 왜 그런지는 모르겠지만 정 말 싫어서 말하는 것인데요'라고 미리 완충 효과를 노린 거죠.

그렇게 자신의 말을 다 한 후 다시 묻습니다.
#Now, back to your problem?
그럼, 다시 Doug 씨의 문제로 돌아갈까요?

그러자 Doug가 말합니다.

#Doug: Do you mind if we stop while I tell you my pet peeve?

상관하나요 / 우리가 잠깐 멈추면 / 제가 선생님께 저의 pet peeve를 말씀드리는 동안?

날 짜증 나게 하는 것을 말하기 위해 잠깐 멈춰도 괜찮겠냐고 묻는 것이죠?

#Frasier: Not at all. 전혀요.

그러자 Doug가 화를 내며 말합니다.

#Doug: [angry] I hate it when intellectual pinheads with superiority complexes nit-pick your grammar when they come to you for help.

I hate it 전 정말 싫어해요

when intellectual pinheads 언제? 교육을 많이 받은 pinhead

with superiority complexes 함께 있죠? 뭐랑? superiority 컴플렉스

nit-pick?! 와~ 모르는 것이 많이 나온다, 그렇죠? 화를 내는 내용이니 궁금하다면 찾아보면 되는 겁니다.

pinhead는 핀의 머리 부분을 말합니다. 머리라고 부르기는 하는데 뇌가 없는 쪼끄만 머리죠? 이디엄이니 검색하면 stupid person이라 나옵니다.

intellectual pinheads이니 교육을 받은 멍청이인 거죠. 그런데 **with superiority complexes**라고 했죠? **superiority** [수~피*리'어리티]는 우월성. Superman 단어랑 연결됩니다.

우월성 콤플렉스는 남들보다 우월해지고 싶은 콤플렉스가 있어서 불필요하게 자신의 장점을 과장하며 상대를 내리누르려 하는 콤플렉스를 말한답니다. 아주 쉽게 듣는 말이에요. 영어는 이렇게 전문 용어가 대중문화를 통해 쉽게 일상적인 어휘로 바뀐다고 했습니다. (스텝 17⁰⁴)

nit-pick은 구어로 '별것 아닌 것에 트집 잡다'

그럼 내용이 이해가 갔나요?

pinhead
이게 네 머리다!

pinhead = stupid person

Superiority   complexes

우월성   컴플렉스

250

intellectual pinheads with superiority complexes nit-pick your grammar
티켓에서 줄친 것이 카멜레온이고 DO 기둥인 겁니다. 기둥 안 보이죠?
이런 콤플렉스 있는 사람들이 뭘 트집 잡아요? 상대의 문법에 트집을 잡는 거죠.

아직 말 다 안 끝났습니다.
when they come to you for help.
당신한테 올 때 / 도움을 위해
도움을 받기 위해 왔는데 상대는 별 중요치 않은
말의 문법에 트집 잡는 행동이 자신을 짜증 나게
하는 pet peeve라는 거죠.

그리고 Doug는 전화를 끊기 전 한마디 더 합니다.
That's what I got a problem with!
그것이 = 내가 문제가 있는 것이다.
그게 내가 '불만'이 있다고 하는 것입니다.

"I got a problem with it"을
WH 1으로 만들면? 모르겠으면 YN Q로 만들고
WH Q로 간 후 원상 복귀하세요. (스텝 03[17])
What I got a problem with.

그러자 Frasier가 행복하게 말합니다.
#Frasier: [happily] I think
what he means is, that is a
thing with which he has a
problem.
제 생각에 / 저분의 뜻은 = that is a thing with
which he has a problem.

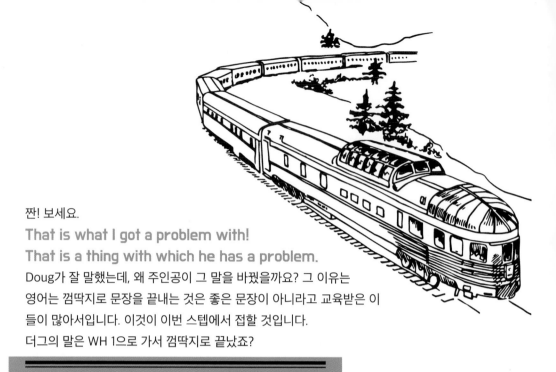

짠! 보세요.

That is what I got a problem with!

That is a thing with which he has a problem.

Doug가 잘 말했는데, 왜 주인공이 그 말을 바꿨을까요? 그 이유는
영어는 껌딱지로 문장을 끝내는 것은 좋은 문장이 아니라고 교육받은 이
들이 많아서입니다. 이것이 이번 스텝에서 접할 것입니다.

더그의 말은 WH 1으로 가서 껌딱지로 끝났죠?

I got a problem **with** that.

That is what I got a problem **with**.

WH 1

That is a thing **with** which I got a problem.

껌딱지, 전치사로 문장을 끝내는 것이 문법 오류라고 교육받은 이들은 그래서 with 껌딱지를
앞으로 빼주기 위해 일부러 열차로 간 것입니다. which 열차는 앞에 껌딱지를 붙일 수 있었잖아요.
(스텝 12[07])

그래서 a thing이라고 말한 다음에 a thing을 한 번 더 설명하기 위해 which 열차를 사용하는데
그 앞에 with which로 연결하고 나머지를 말한 것이죠. 그러면 전치사로 말이 안 끝나죠?

자, 그럼 껌딱지가 뒤로 가는 것은 안 좋은 문법일까요?

옥스퍼드 사전에 따르면 실제 문법학자들은 대부분 그 이론에 동의하지 않는다고 합니다.

http://blog.oxforddictionaries.com/2011/11/grammar-myths-prepositions/

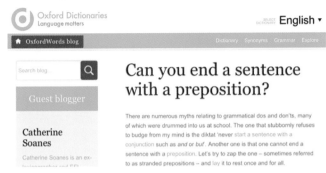

실제 이 룰은 17세기 라틴어 구조에 집착한 작가들이 영어 문법에 끼워 맞추려 하면서 생긴 룰이라고 해요. 집요하게 200년이나 따라왔지만 결국 영어는 라틴어가 아니기 때문에 현대에는 굳이 그 라틴어 모델에 억지로 끼워 맞추지 않으려고 한답니다.

그런데 옛날식으로 교육받은 사람들은 그 설을 여전히 믿고 저렇게 말하거나 가르쳐주기 때문에 여전히 따라다니는 것이죠.

실제 껌딱지를 앞으로 빼서 which 열차로 연결하는 것은 의외로 실전에서 말하기가 쉽지 않습니다. 그만큼 기본 문장이 탄탄해져야 나올 수 있는 것이기 때문이죠.

문제는 국내에서 중학교 3학년 영어에 이것이 등장합니다.

WH 열차와 WH 1의 차이도 잘 구별 못하고 제대로 말로 구사도 못하는데 이것까지 배운다?

소화는 안 시키고 꾸역꾸역 계속 주입시키는 것이죠. 단어는 가능할지 몰라도 구조는 갈수록 혼란만 불러옵니다. 다행히 국내에서는 껌딱지가 뒤로 간 것도 똑같이 옳은 것으로 가르치더군요.

자! 그럼 여러분은 어떻게 바뀌는지 구경만 하세요.

틀은 매우 간단합니다. 그럼 먼저 WH 열차의 기본적인 것을 만들어보세요.

#내 여자 친구가 그 동네에 살아.
→ My girlfriend lives in that town.

그럼 이번에는 동네를 먼저 가리켜서 말해보죠.

#저 곳이 내 여자친구가 사는 곳이야.
→ That is where my girlfriend lives.

열차로도 이을 수 있겠죠?

#저기가 동네야, 내 여자 친구가 사는 동네.
→ That is the town where my girlfriend lives.

자! town이 열차의 고리인 거죠? 그런데 where 대신 which라고 해서 연결고리를 단다면?
→ That is the town which my girlfriend lives in.

보세요.

My girlfriend lives in that town.

에서 that town 빼고 나머지 다 그대로 내려온 것뿐입니다. 그것이 다예요.

That is the town which my girlfriend lives in.

그런데 껌딱지로 문장을 끝내면 in과 town이 멀리 분리된 느낌이니 in that town을 같이 나란히 가주자고 해서 in which로 가자는 것이 이 문법입니다.

That is the town in which my girlfriend lives.

영어를 틀로 보면 충분히 공감이 갈 수 있는 지적인데 그렇게 느껴지나요? 영어는 당연히 그 뼈대 그대로를 유지하려 합니다. 그래서 that town을 말할 때 in that town으로 껌딱지 in이 붙은 메시지라면 그 that town이 WH 열차의 연결고리가 될 때도 같이 앞에 따라 붙어줘야 하는 것이 이상적일 수 있는 것이죠. 이것이 안 보인다면? 전혀 안 느껴져도 괜찮습니다.

My girlfriend lives in that town.

That's the town which my girlfriend lives in.

That's the town in which my girlfriend lives.

| in | that town |
| in | which |

끊으면 틀을 자르게 된 것은 맞긴 함

이론적으로 동의하는 것과 직접 그것을 말로 하는 것은 또 다르니까요. 그래서 '모어'로 영어를 익힌 원어민은 in which보다 편하게 나오는 대로 말하게 되는 것입니다.

그럼 자주 원어민끼리 nit picking 하는 문법 하나 더 구경해볼까요?

#노래 부르는 것 → singing
#노래 → song
singing은 노래를 부르는 행동 자체가 보이는 거죠.
#난 노래 부르는 거 좋아해요.
→ I like singing.

다음 것은 문장 쌓아보죠.
#난 네 긴 검은 머리 좋아해.
→ I like your long black hair.
#난 네가 노래 부르는 것을 좋아해.
이 말은 어떻게 만들까요?
→ I like your singing.

넵!
그냥 노래 부르는 것이 아니라,
네가 노래 부르는 것.
노래 부르는 것 singing을 계속 명사로 취급해줘서, your hair 대신 your singing으로 단어만 바꿔치기해준 것입니다.
어려운 것도 아니죠? 그럼 좀 더 해보죠.

#우는 것은 스트레스를 풀리게 할 수 있어요.

> relieve [*릴'리*브] <

→ Crying can relieve stress.

단어 알면 어렵지 않죠?

#저 아기 피부.

→ That baby's skin.

your처럼 '저 아기'니까 어포 붙여야 하죠?

#저 아기 우는 거.

→ That baby's crying.

상식적으로 움직입니다. 그렇죠?

#저 아기 우는 것이 신경에 거슬리네.

> 거슬리다. '신경에 get on' 한다고 합니다.

'신경'은 스텝 10¹⁹에서 nerve라고 배웠죠?

nerve에 on이 되는 이미지 그려지세요? 신경을 건드리는 거죠. <

뭐가 거슬려요? 저 아기가 우는 것,

that baby's crying.

지금 거슬리고 있죠? 지금 신경 거슬리고 있으니 BE + 잉 기둥에 단어만 넣으면 되겠죠?

→ That baby's crying is getting on my nerves.

That baby's crying.

어렵지 않죠? 이렇게 설명하면 별것 아닙니다.

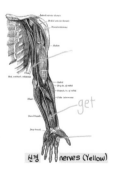

신경 거슬리비

getting

on my nerves

신경 nerves (Yellow)

하지만! 실전에서는 이렇게 말하는 것도 접하게 될 것입니다.

That baby crying is getting on my nerves.

왜죠? 스텝 15⁰⁶에서 배웠던, 동시에 일어날 때 붙이는 [잉] 때문이죠.

That baby who is crying. 이렇게 올 수도 있잖아요. 그런데 저렇게 말하면 아기 우는 것이 거슬리는 게 아니라, 아기 자체가 거슬린다고 말하는 겁니다.

우는 행동 자체가 거슬리는 거면, his crying이 되어야 하는 것이 문법적으로는 '옳은' 거죠.

하지만! 아무리 옳다고 해도 실전에서 그렇게 안 쓴다면요?

어느 정도로 안 쓰느냐면 실제 너무들 많이 틀리게 써서 오히려 옳게 쓰는 것이 틀리게 들릴 정도로 잘 안 쓴답니다.

이래서 올바른 영어냐, 아니냐는 성인이 되고 나면 그렇게까지 중요치 않게 된답니다.

이 구조로 원어민들이 가장 자주 틀리는 예문을 접해보죠.

상황) 급한 일이 생긴 외국인 동료를 대신해 일하는데 그한테서 문자가 왔어요. 읽어볼까요?

#Hey! I really appreciate you doing this for me.

메시지 전달 받아보세요. 뭐래요?

I really appreciate you doing this for me.

고맙다죠 / 당신이 이것을 하는 것을, 날 위해서.

틀린 문법으로 나오지만 상당히 많이들 이렇게 씁니다.

원래 문법상으로는 'your doing this for me'로 가야 합니다.

어떻게 아느냐고요? 간단해요.

#당신 도움 고마워요.

→ I appreciate your help. 이렇게 가잖아요. 그것과 같은 구조로 가야 하는 거죠.

이것이 문법에서 동명사(Gerund)와 분사(Participles) 차이인데, 이 코스에서는 [잉]이라는 하나의 도구로 설명했습니다.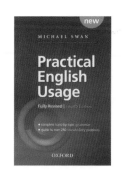

예전 원어민 영어학자들은 동명사와 현재분사로 분류했지만 현 원어민 영어 학자들은 더 이상 그 분류에 동의하지 않습니다.

옛 라틴어에서는 저 둘이 다른 모양새로 쓰였고 그 차이가 18세기 영문법에 자리를 잡은 것이지만 지금은 퇴색되었기 때문에 시대착오적인 용법이다, 그러므로 2개의 다른 용법이 존재하는 것은 말이 안 된다며 학자들이 지금도 논쟁하고 있다고 합니다. (출처: Grammar Girl.)

저명한 영어학자들이 만든《Cambridge Grammar of the English Language》책도 두 용어로 나뉘는 것은 말이 되지 않는다며 하나로 통합하자는 의견을 내놓았으며《Oxford Practical English Usage》는 그냥 -ing이라고 표기한답니다.

이 코스에서 [잉]이라고 쓴 것이 헛발 짚는 것은 아닌 거죠!

자, 영어를 제2국어로 사용하고 싶으면 영어 틀의 명칭이 아닌 그 틀의 느낌을 제대로 먼저 아는 것이 가장 중요합니다.

[잉]은 동일한 하나의 느낌으로 사용하게 되니 여러분은 이런 문법 설명을 보면 움츠러들지 말고 편하게 지금까지 했던 대로 하면 됩니다. 그럼 논쟁 중인 문법 문장들을 접했으니 wave하며 마무리합니다!

1908

What a life + Since 2탄

두 번의 boat rides 어땠나요?
한국에서 중학교 기간 안에 그 모든 것을 배운다는 것이 신기하지 않나요?
그만큼 언어가 암기로만 된다고 생각하는 것입니다. 아무리 악보를 다 외우
고 음악을 이론으로 마스터했다고 해도 직접 작곡해보지 않으면
자신의 음악은 나오지 않습니다.

너무나 많은 '룰'을 가지고 학생들의 영어를 'micro managing' 하고 있어요.
manage가 '관리하다'라면 micromanage는 아주 작은 세세한 부분들
까지 너무 다 관리하려 드는 것입니다.
여러분도 크게 틀리지 않은 실수라면 너무 고민 말고 휙휙~ 넘기세
요. 이런 방법이 오히려 시간이 조금만 지나고 나면 얻는 것이 훨씬
더 많아진답니다.
나중에, 시간이 지나 영어로 대화가 가능해지고 기본
적인 것들이 탄탄해졌을 때, 그때 가서 자세하게,
탄탄하게 조율해도 전혀 늦지 않습니다.

그럼 boat ride는 끝났으니 조금 더
영어를 배워보죠. 이번에 배울 스텝은
2가지인데 이미 다 알고 있는 것이
어서 응용만 하면 됩니다.
다른 2개를 서로 엮어갈게요.
그럼 좀 더 이해하기가 쉽거든요.

먼저 처음 배우는 것은 아주 쉬운 표현입니다.
실전에서 딱 정해진 상황 이외에는 사용하지 않아요. 여러분은 자주 쓰이는 몇 개만
접하세요. 정말 몇 개밖에 없어요.
바로 감탄사!

감탄사도 종류가 다양합니다. 좋을 때 'Great! Fantastic!' 등등, 나쁠 때 'God, Jeez'
등등 이런 감탄사를 모아 리스트로 작성해 제공하는 것을 자주 보는데 다 알 필요
없고 본인한테 편하고 기본적인 것 하나만 먼저 익히면서 시작하면 됩니다.
하지만 이번 스텝의 감탄사는 좀 더 자세히 말로 설명합니다!

상황) 축구 경기 중에 골이 들어갔어요!
대단한 골입니다!!!
→ That is a great goal!! 이렇게 말해도 전혀 문제없어요.
그런데 흥분해서 감탄을 강하게 할 때는
What a goal!!! 이렇게 말한답니다.

정확히 다 풀어 말하면
What a goal that is!! 이렇습니다.
아하! 틀이 특이하죠?
우리말로 하면 너무 놀라서, "저게 무슨 골이여?!? 세상에!" 해서 'What a goal!'로
시작했나 봅니다.
실제로 질문은 아니니까 나머지는 'that is!'의 순서로 붙여주는 거죠. 자! 'that is~'
까지 말하는 것 전혀 고민 마시고 앞부분만 연습하면 됩니다. 상상하고 말해보세요!
What a goal!
실제 축구 경기에서 잘 듣는 말이랍니다.
그럼 더 해보죠.

완전 재수 없는 녀석이네!
→ He is such a jerk [절크]! 그냥 이렇게 해도 되고, 더 간단하게는
→ **What a jerk!**
간단하죠? 모든 단어에 다 적용시키려 하지 말라고 했죠? 잘 쓰이지 않는 것에 쓰면
옛날 말투 느낌이 나서 어색해지니 여기서 제공된 것만 말하세요.

상황) 적이지만 능력이 아주 훌륭한 사람을 어쩔 수 없이 죽이면서 말합니다.
#What a waste!
무슨 뜻일까요?
waste [웨이스트]는 쓰레기로 많이 아는데 이건 "쓰레기 같은 자식!"이 아닙니다!

'What a waste!'

저 뜻은 "이게 무슨 낭비야!"라고 해서 '낭비'를 말하는 겁니다. 아무리 적이어도 흔치 않은 능력자를 죽이니 아쉬워하는 것이죠.
'쓰레기 같은 너를 죽이고 싶다'가 아니라 '인재를 어쩔 수 없이 죽여야 하네, 아쉽군.' 이렇게 한탄하며 죽이는 것입니다.

인재 人材

서양문화를 보면 인재를 중요시 여겨야 한다는 것을 아주 잘 알고 있다는 느낌이 들 때가 많답니다. 인재는 흔하지 않잖아요. 아무리 적이거나 골칫거리여도 흔하지 않은 인물이라면 계속 끌어안고 가려 하죠. 자신의 적이라고 해도 그 적이 인재면 존경심으로 인해 공격하지 않는 상황도 영화에서 종종 볼 수 있습니다. 그러다 어쩔 수 없이 상대를 죽여야 할 때 "What a waste!"라고 말하면서 상대의 실력을 인정해줌과 동시에 아깝다고 아쉬움을 표현하는 것입니다.
잘못 이해하기가 쉽겠죠? 이래시 더 실전영어 자료로 가야 하는 겁니다.

#그거 얼마나 좋아? (실력이 아닌 기분 좋게 좋을 때?)
→ How nice is it?
#정말 좋네!!!
질문이 아니고 감탄사로 말하고 싶을 때는?
How nice 하고 다시 원상 복귀해주면 된답니다.
→ How nice it is!
WH 1이랑 헷갈리지 않느냐고요? 말투! 표정! 맥락으로 아는 것이죠.

감탄사는 보통 줄여서 사용하니 뒷부분 버리고 간단히 How nice!
끝! 간단하죠?

how 감탄사는 그리 많이 쓰이지도 않습니다. 그냥 "That is so nice!" 식으로 풀어서 말할 때가 더
많죠. 그러니 굳이 감탄사 잘못 써서 어색해질 필요 없이 지금은 여기 나온 것만 연습하세요.
나중에 실전 영어 자료에서 하나둘씩 접하면서 차차 쌓아가도 충분합니다.

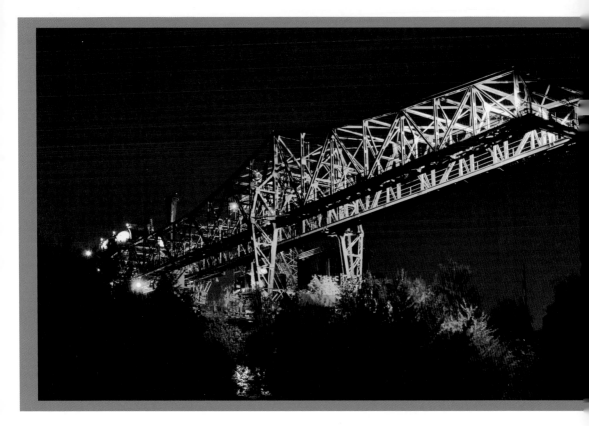

자, 그때 누가 말합니다.

#Since it is that nice, why don't we share it with others?

since는 타임라인에서 사용되는 리본인데 (스텝 18^{02}) 그렇게 nice 할 때부터?!? 어? 그다음을 읽어볼까요?

why don't we share it with others?
왜 우리가 나누지 않느냐 / 다른 사람들과?

자! 이러면서 스르르 since 2탄 들어갑니다!

이 것은 매우 쉬워요. 우리는 since를 쓰면 타임라인에서 시간을 찍고서 그때부터 자동으로 지금까지 쭉~을 말하는 것이라고 배웠죠? 이 것도 비슷한 느낌입니다. 대신 우리말 번역에서 상당한 변화가 생기죠.

타임라인 그린 다음에,
It is that nice라고 해보세요.
since를 앞에 붙이면서 말하는 순간 전에는 nice 한지 몰랐는데, 그렇게 nice 하다라고 말한 그 순간부터 그다음이 다 영향을 받는다고 말하는 것입니다.

Since it is that nice, why don't we share it with others?
그렇게 좋으면, 우리 다른 사람들과 나누지 그래?
이런 느낌을 since 리본으로 표현해준 것이랍니다.
한국말에서는 전혀 여러분이 아는 since 느낌이 안 나죠? 그래서 감을 잡기까지 좀 시간이 걸리지만 연습하면 또 금방 익혀집니다.

잠깐! 저 말 as로도 말할 수 있지 않나요?
넵!
그래서 우리가 스텝 17[03]에서 배운 background를 다른 영어 책자에서 보면 as, because, if, when 이외에 이번에 배운 since까지 같이 설명되어 들어간답니다.
It is that nice — why don't we share it with others?
since 빼도 메시지 전달이 되잖아요. 그래서 background랑 맞아떨어지죠?

자! since를 이렇게 쓰는 것은, '난 몰랐는데 새로운 정보가 타임라인에 들어왔으니 그것의 영향을 받은 상태'라며 그 후의 요점을 말하는 것입니다. 적용해보죠.

#정말 재수 없는 자식!
→ What a jerk!
#쟤가 나한테 재수 없게 구니까 난 쟤랑 시간 보내지 않을 거야.
→ Since he is being a jerk to me, I will not spend time with him.
당연히 since는 리본이니 요점 말하고 엑스트라에 붙여도 되겠죠?
→ I will not spend time with him since he is being a jerk to me.

이 말은 because로도 말할 수 있겠죠? because는 '이유'를 좀 더 강하게 설명한다면, (스텝 06[13])
since는 '쟤가 그렇게 한 이후로 영향을 받아 생긴 것'이라고 말하고 싶을 때 사용합니다.
네가 재수 없게 굴고 있음 / 타임라인 영향 / 난 너랑 시간 안 보낸다!
이런 식의 메시지를 전달하는 것이랍니다.

since 느낌이 어떤지 조금씩 감이 잡히나요? 더 해볼까요?

#난 그냥 계속 늙고 또 늙네.
→ I am just getting older and older.
#내가 젊어지지 않으니, 난 내 시간을 낭비하지 않을 거야.
→ Since I am not getting younger, I am not gonna waste my time.

사실: 나는 젊어지고 있지 않다.
Fact: I am not getting younger.
그러니 그다음은... 하면서 역시 since로 써준 것입니다. 마찬가지로 as도 되고, because도 됩니다.
할리우드의 살아 있는 전설, **Meryl Streep**은 1949년생으로 28세 젊은 여배우로 시작해 지금
까지도 왕성하게 활동하고 있습니다. 그녀가 한 말을 볼까요?

#You have to embrace getting older.
너는 해야 한다 / embrace 해야 한다 / 나이를 먹는 것을.

embrace는 hug의 좀 더 격식어로 이미 접했었죠?
'포옹하는 것처럼 따뜻한 마음으로 받아들이다.'
You는 일반적으로 모두를 가리킬 때 쓴다고 했죠.
나이 드는 것을 감싸안을 줄 알아야 한다.

하지만 영국의 판타지 소설가 Terry Pratchett이 재미있는
말을 했더군요.

#Inside every old person is a young person wondering what the hell happened.
안쪽에 / 모든 나이 든 사람의 안에는 = 젊은 사람이 있다, 궁금해하는 젊은이. 뭘 궁금해해요?
뭔 X 같은 일이 일어난 건지.
→ 모든 노인들 안에는 도대체 뭔 X 같은 일이 일어났는지 궁금해하는 젊은이가 있다.
What the hell은 욕까지는 아니지만 그래도 비격식체입니다. 느낌은 번역외 X처럼 살짝 재미있게
전달됩니다. (스텝 06[18]) 만들어보세요.

#뭔 거지 같은 일이 일어난 거야?
→ What the hell happened?
#네가 이해를 못 하는 것처럼 보이니, 내가 설명해줄게.
→ Since you don't seem to understand, I will explain.
네가 이해를 못 하는 것처럼 보이는 그 상황 안에서 내가 말하는 것이다, 하는 식이 바로 since!

since 2탄은 여러분이 말까지 하는 데는 시간이 좀 걸릴 겁니다. since를 기억하기 전에 because도 있고, as도 있고 아예 빼버려도 메시지 전달이 되기 때문이죠.
You don't seem to understand, I will explain.
그렇기 때문에 지금부터 억지로 감을 잡을 필요가 없습니다. 오히려 헷갈리게만 되어 비생산적이에요.

하지만 since의 문장을 접할 때는 어떤 느낌으로 봐야 하는지 알겠죠?

그럼 마지막으로 quote 하나 읽어보고 끝내죠.

Steve Jobs의 말입니다. 이미지 그리면서 앞에서부터 번역하세요.
#Your time is limited, so don't waste it living someone else's life.
당신의 시간은 제한되어 있습니다, 그러니 낭비하지 마세요, 다른 사람의 인생을 살면서.

#Don't be trapped by dogma — which is living with the results of other people's thinking.

Don't be trapped by dogma
trap 되지 마세요. 가둬지지 마세요. 도그마로 인해.
dogma는 '정설, 학설'. 사람들이 의심도 하지 않고 당연한 진리인 것처럼 받아들이는 것을 dogma라고 한답니다.

그리고 덧붙인 설명이 있죠.
— **which is living with the results of other people's thinking.**
사는 것인데 / 결과와 함께 사는 것.
무슨 결과? 한 번 더 들어가서 다른 사람들의 생각의 결과로 사는 것이죠. 다른 사람들이 다 맞는다고 생각하는 것에 의해 살다 보면 결국 다른 이의 삶을 살게 되니 그렇게 자신의 삶을 낭비하지 말라는 거죠.

#Don't let the noise of others' opinions drown out your own inner voice.
하게 두지 마라 / 소음 / 다른 이들의 의견의 소음이 / drown out 하게 / 당신만의 내면의 소리를.
drown out은 '물에 빠져 떠내려보내다' 식으로 보면 됩니다.
다른 이들의 의견이 있는 소음 속에 자신의 내면의 소리를 '죽게' 하지 말라는 거죠.

#And most important, have the courage to follow your heart and intuition.
그리고 가장 중요한 것, 가져라 / 용기를 / 따라가는 네 낭신의 마음과 직감을 / 따라가는 용기를 가지라는 거죠.

메시지 전달되었나요? 그럼 영어로 다시 읽어보고 더 훌륭한 우리말로 번역하는 것은 여러분의 몫입니다.

Your time is limited, so don't waste it living someone else's life. Don't be trapped by dogma — which is living with the results of other people's thinking. Don't let the noise of others' opinions drown out your own inner voice. And most important, have the courage to follow your heart and intuition.

"What a life!"라고 외칠 수 있게!

19⁰⁹

1909 감탄사

WHATEVER

코스의 끝이 보입니다.

여러분은 영어라는 언어를 혼자 터득하며 갈 수 있도록 충분히 익혔습니다.
원맨쇼와 영어 일기 쓰기, 비슷한 레벨의 사람과 영어로 대화하기, 실전 영
어 자료 중 좋아하고 소화할 수 있는 것을 계속 찾아서 읽거나 연기하면서
모르는 것을 스스로 찾고 알아가기. 그렇게 올라가면 됩니다.

실전 영어 자료로 영어를 접하는 것은 저 또한 지금도 계속하고 있습니다.
매일 영어로 된 자료들을 보는데도 입으로 소리 내서 읽지 않으면 일주일 뒤
에는 영어가 뻑뻑해진답니다. 운동이랑 똑같은 거죠.

이번 스텝은 워낙 쉬우니 논다고 생각하면서 갑시다.
재미있는 말이랍니다.
상황) 누가 나에 대해 비판합니다.
'비판하든지 말든지! 당신이 뭐라 하든 그것이
뭔지 내가 알게 뭐람?'의 생각이 떠오르면 영어는
이 생각을 말이 아닌 손가락 사인만으로 전달할 수
있답니다.

바로 W.
글씨로 쓰는 것은 의미가 없고, 양쪽 손가락을
이미지처럼 만들어서 다른 사람에게 보여줘야 메시
지가 전달됩니다.
'네가 뭐라 하든지 난 신경 안 써!'란 내용을 전달하는
것이랍니다.

하지만 양쪽 손을 다 움직여야 하고 살짝 느끼한 면
도 있어서 보통은 말로 한답니다. 바로 Whatever!

what이 무엇이든 간에 상관 않겠다고 말하는 겁니다.
응용해볼까요?

상황) 용돈을 주면서 말합니다.

#이 돈 써.

→ Spend this money.

#네가 좋아하는 것에 이 돈 써.

Spend the money~ 어디에? 네가 좋아하는 것에.

> extra 껌딱지 필요한데요, on what you like.

→ Spend the money on what you like.

네가 좋아하는 것이 뭐든지 간에 거기에 돈 써.

'뭐든 간에 상관 안 할 테니'라고 전달하고 싶으면 what 대신 whatever만 넣어주면 된답니다.

→ Spend the money on **whatever** you like.

간단하죠?

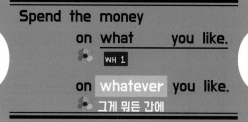

Spend the money
on what you like.

WH 1

on whatever you like.
그게 뭐든 간에

#전 당신을 믿어요.
→ I trust you.
#당신이 뭘 하든 상관없이,
전 당신을 믿어요.
배경으로 깔아보죠.
→ Whatever you do, I trust you.

whatever를 사용하면 그 what이 무엇이든
정말 상관이 없다는 말투가 전달됩니다.
그러니 상대의 친절에 관심 없는 투로
whatever라고 말해버리면 기분을 상하게 할
수도 있겠죠.
또 구경해볼까요?

상황) 딸의 새 교복을 고쳐주고 있습니다.
#A: 너 네 치마 이런 식이 좋
겠니?
→ Would you like your skirt like this?
#이건 어때?
→ How about this?
그런데 딸이 대답을
#Whatever.
이렇게 하면 "저 계집애가!"라는 반응이 나오
겠죠. 그래서 상대와 말다툼을 하다가, "Oh,
whatever!" 하고 끝내버리는 경우도 많이 있
답니다. 더 이상 상대가 뭐라 하든 상관 안 하
겠다는 거죠.

이 ever는 WH에 다 들어갈 수 있답니다.
다음은 문장을 쌓아가며 만들어보세요.

271

#이 사람이 누구인지 알아?
→ Do you know who this is?
#이 여자가 누구든 간에, 난 먼저 만나봐야겠어.
→ Whoever she is, I need to see her first.

누구든 간에   먼저 봐야겠어.

Whoever she is, I need to see her first.

다음 것은 다양하게 엮을 테니 적용해서 만들어보세요.
#그 사람이 누구든지 간에, 그 사람은 분명 거기에 있었던 거
야, 우리가 발표회 했을 때.
Whoever that person is,

 성을 모르면 실제 쓸 때는 he/she로 쓰고 말할 때는 he or she.

분명 있었을 거라고 확신하니 must 기둥으로 말한 후, 과거에 있었던 거니까 과거 느낌
으로 연결하려면 기둥 엮으면 되죠, must have been there. (스텝 18[03])

extra 계속 연결해줬죠? 언제? 시간을 자세히 말해주는 것이니 간단하게 리본으로 엮어주면
되겠죠, when we did our presentation.

→ Whoever that person is, he/she must have been there when we did our presentation.

미국의 음악인 Bob Dylan이 한 말을 읽어볼
까요?
#All I can do is be me,
whoever that is.
내가 할 수 있는 모든 것은 = be me.
나로 있는 것이다.

우리말로는 '유일하게 내가 할 수 있는 것은'
이란 번역이 더 어울리겠죠? all이라고 하는
것은 내가 모든 것을 다 해서 더 이상 할 수 있
는 것이 없다는 느낌이 표현되는 겁니다.
내가 할 수 있는 것은 나로 있는 것밖에 없다.
Whoever that is.
그게 누구든지 간에.

그럼 이번 것은 whenever로 만들어볼까요?
네가 준비됐을 때 시작하자.
→ Let's start when you are ready.

그런데 상대방이 준비하는 시간이 오래 걸립니다. 살짝 sarcastic 하게 가볼까요?
언제든지 네가 준비됐을 때!
→ Whenever you are ready!

좀 더 해보죠.
어느 때고 내가 이 방 안에 있으면 나 방해하지 마.
> disturb <
→ Whenever I am in this room, don't disturb me.

노크도 하지 말고.
→ Don't knock either.
간단하죠?

영화 〈Titanic〉의 유명한 주제가 가사를 보죠.
Near. Far.
Wherever you are,
I believe that the heart does go on.

가까이든, 멀리든,
당신이 어느 곳에 있든지
난 믿어요 — heart가 DOES 기둥으로 go on
마음, 사랑은 계속된다고 믿어요.

만들어보세요.
나와!
→ Come out!
나와! 네가 어디에 있든지!
→ Come out, wherever you are!

자, 이 정도면 감 잡히셨죠? 이것은 익혀야 할 만큼 중요치는 않고 여러분이 WH를 잘하게 될 때면 스스로 응용하게 될 것입니다. 그러면 재미있는 것 하나 보고 정리하죠.

Titanic (1997)
Directed by James Cameron

영어권에서는 재미있는 글귀가 쓰인 티셔츠를 쉽게 볼 수 있답니다. 딸의 아버지가 입을 수 있게 실제 제작된 티셔츠에 뭐라 쓰여 있는지 읽어보죠.

#Rules for dating my daughter.

규칙이죠 / 뭘 위해? 데이트하는 것을 위해 / 내 딸과.

내 딸과 데이트하고 싶으면 지켜야 할 룰.

for 하나 붙여 쉽게 메시지 전달되는 것 보면 껌딱지는 참 유용한 것 같죠?

여러분이 만들어보실래요?

#1. 직업을 가져라.

→ Get a job.

#2. 내가 널 좋아하지 않는다는 점을 이해해라.

→ Understand I don't like you.

#3. 난 모든 곳에 있다.

→ I am everywhere.

내가 다 지켜보고 있다고 말하는 것을 저렇게 크게도 말한답니다.

#4. You hurt her, I hurt you.

간단하게 잘라서 말했죠?

→ 네가 그 애를 다치게 하면, 난 널 다치게 한다.

#5. 집에 30분 일찍 들어와라.

→ Be home 30 minutes early.

#6. 변호사를 고용해라.

→ Get a lawyer.

#7. 네가 나한테 거짓말을 하면, 난 알게 될 거다.

→ If you lie to me, I will find out.

#8. 그 애는 내 공주이지 너의 정복 대상이 아니다.

> princess=공주 / conquest [컨쿠웨스트]=정복 대상 <

→ She is my princess, not your conquest.

#9. 난 감옥으로 되돌아가는 것을 상관하지 않는다.

> jail=감옥 / mind=상관하다, 개의하다 <

→ I don't mind going back to jail.

#10. 네가 그 아이한테 뭘 하든 간에 나도 너한테 할 거다.

→ Whatever you do to her, I will do to you.

내 딸한테 네가 무슨 짓을 하든 나도 똑같이 너에게 하겠다는 거죠.

"What you do to her, I will do to you"에서 whatever가 되니, 그 어떤 것이든 모든 것이 다 되잖아요. 웃긴 방식의 협박이죠?
엄마가 자신의 아들에 대해 말하는 것도 온라인에 있더군요.

그럼 마지막으로 몇 개 더 만들고 정리합시다!

#난 내가 하고 싶은 게 뭐든지 간에, 어떻게 하고 싶든 간에, 언제 하고 싶든 간에 할 거야!
→ I will do whatever I want, however I want, whenever I want it!

#머피의 법칙: 무슨 일이든 일어날 수 있는 일은 일어나게 된다.
> Murphy [멀*피즈] / law <
→ Murphy's law: Whatever can happen will happen!

Whatever can happen will happen.

275

FINAL STEP

축하합니다! 기나긴 여정을 끝내셨습니다!

이제 19마리의 말을 모두 다 타신 겁니다. 중요한 말들부터 탄탄해질 수 있게 순서를 잡았으니 지금쯤이면 탄탄해졌을 것이라 믿습니다.
약한 부분이 있으면 언제든 돌아가서 복습하면 됩니다.

끝이 없는 것처럼 보였던 말들이 결국은 아주 적은 수의 틀에서 똑같이 움직인다는 것을 알게 되었죠? 이제 그 속에서 여러분이 아는 단어들로 바꿔치기하면서 기둥끼리 계속 엮어나가면 되는 겁니다. 쉬운 단어들로 엮기를 연습해야 나중에 어려운 단어들을 엮는 것이 더 쉬워지겠죠?

영어의 틀은 이것이 전부라고 보면 됩니다. 이 틀들이 엮이고 꼬이는 것뿐 다 이 틀 안에서 움직입니다. 예외가 있는 것은 아주 소수이고 그것들은 그때그때 알아가며 영어권 국가 사이트에서 직접 검색하는 법도 알려드렸죠?

화려한 영어로 말하려 하지 말고 정확히 자신의 메시지를 자신이 감당할 수 있는 언어로 전달하려 하세요.

소통만 되면 그때부터 상대는 그 말의 내용을 들으려 한다고 했습니다.
플러스가 될 수 있는 요소는 자신이 관심 있는 분야의 기본적인 전문용어들을 알고 있는 것입니다. 그 용어들을 어떻게 접하는지도 알려드렸죠?

제가 영어 어휘에서 좋아하는 것 중 하나가 영어의 다양한 분류입니다.

기사에서 이런 문장을 봤다고 합시다.

#What they did was fallacious.

fallacious [*펄'레이셔스] 단어를 몰라 사전에서 찾아보면 (격식어)라고 하고 '잘못된, 틀린'이라고 나옵니다. 그럼 그 단어가 세련되어 보여 wrong 대신 쓰고 싶을 수 있습니다.

그때 한 번 더 멈추고, fallacious를 영영사전으로 봐볼까요?

If an idea, argument, or reason is fallacious, it is wrong because it is based on a fallacy.

아이디어나, 논쟁이나, 이유가 = fallacious 하면, 그것은 = 잘못되었다 / 왜냐하면 / 그것은 토대가 되었기 때문이다 / 어디 위에? fallacy 위에.

이러면 **fallacy**를 또 알아야겠죠?

fallacy 정의를 찾아보면, '(많은 사람이 옳다고 믿는) 틀린 생각'으로 나옵니다.

그냥 틀린 것이 아니라 다들 사실이라고 믿는 것에 틀렸다고 할 때 사용하는 단어인 거죠.

What they did was fallacious.

이 문장은 많은 사람이 잘못 알고 있는 정보를 소개하는 기사에서 나왔던 거죠.

앞뒤 맥락이 있기 때문에 그것을 알고 본다면 저렇게 fallacious를 사용하는 거구나 더 확실히 기억할 수 있겠죠.

그냥 '틀린'이 아니고, '많은 사람이 옳다고 믿는 것에 대해 틀렸다고 말할 때 사용한 단어. 이렇게 단어를 분류하는 것이 바로 영어라는 언어입니다.

이것이 매력적일 수 있습니다. 그런데 단어장으로만 영어를 익히려면 저 말이 벅차게 보이겠죠?

맥락 없이 문법 용어로 배운 룰에만 의지해서 고급 언어를 배우면 아래와 같은 질문을 합니다.

'Government officials regard his analogy as fallacious'

'이 말에서 왜 fallacious가 그냥 붙을 수 있죠?'

이런 질문을 한다면, 이 문장에 있는 analogy, fallacious를 배우기에는 이른 사람입니다.

아직 기본적인 틀을 소화하지 못한 것이거든요.

쉬운 영어 대화 자료를 계속 접하다 보면 자연스럽게 as being fallacious에서 being이 생략된 것임을 알 수 있게 되거든요. 이것을 알아가는 것은 의외로 그리 오래 걸리지 않습니다. 원어민과의 실전 대화보다 오히려 실전 사료를 통해 영어는 더 늘 수 있답니다.

대다수의 학생들이 가장 빠르게 성장하는 것이 바로 Reading인데 조용히 영어를 읽는 분! 외국어는 실용과목이라는 것을 잊지 마세요. 소리 내서 읽어야 합니다.

한 자료를 끝장내야 한다고 억지로 읽지 말고 그때그때 원하는 것을 하고 싶은 만큼 다양하게 읽으세요. 다 영어입니다.
대본은 읽다 보면 영어의 또 다른 재미를 접하게 됩니다. 예를 들어: **self-destructive.**
사전에서 검색하면 '자멸행위'라고 나옵니다. 그럼 거기서 끝나고 말거든요.

하지만 드라마나 영화로 저 단어를 접하면 누군가 상처받았을 때 self-destructive로 갈 것이라고 예상하며 말한답니다. 과음에 망가지는 행위는 상처받은 이후에는 가끔 필요한 self-destrucive 과정이라 여기며 친구들이 망가지는 것을 돕기도 하는 문화를 볼 수 있죠.

passive aggressive(스텝 14[13])부터 in denial(스텝 17[04])까지 영어권에서는 일반인들이 잘 모르는 지식을 대중문화로 불러들여 대중의 지식으로 만들어버리는 경우가 참 많답니다. 굳이 해석하거나 풀어 설명하지 않고 보는 사람이 모르면 모르는 대로 그냥 말해버리죠. 그것이 반복되고 쌓이다 보면 어느 순간 일반 지식이 되어버립니다.

그래서 영어를 통한 또 다른 재미가 바로 이 reference [*레*퍼*런스]문화입니다. parody [패*러디]라고 할 수도 있는데 꼭 코믹이나 풍자만이 아닌 영어권에는 셀 수 없을 만큼 다양한 스타일로 대중문화에 전반적으로 스며들어 있답니다. 예를 들어보죠.

상황) "자신이 원하는 것을 위해 주위 사람들이 희생하기를 바랄 때" 주위에서 말합니다.
"코페르니쿠스가 전화했어, 네가 우주의 중심이 아니래!"
Copernicus called; and you are not the centre of the universe!

지동설을 창설한 코페르니쿠스 이전까지는 지구가 세상의 중심인 줄 믿고 있었죠?
이런 식으로 접하는 영어의 묘미도 상당하답니다. 원어민 안에서도 코페르니쿠스, 지동설을 지금 상황과 연결 못 해 못 알아듣는 사람들 당연히 있습니다. 전혀 못 알아듣는 reference를 접하는 것도 매우 흔한 일이랍니다.

한번은 〈The Office〉를 보는데 (스텝 19[06]) 한 장면에서 주인공 커플이 여행 중 만난 다른 커플을 소개했습니다.

그들의 이름은 Frank and Benny인데 이상한 말투로, "Frank and Beans~ Frank and Beans~"라고 말을 하며 웃는 신이 반복되었죠.

그때 영어를 하지 못하는 분은 한글 자막을 틀어놓고 보는데, 그 "Frank and Beans" 말에 '프랭크가 콩깍지가 씌었네'라는 자막이 나오는 것이었습니다.

그때 "영어도 콩깍지라고 말해?"라는 질문이 들어왔죠. 영어권의 이런 reference 문화에 익숙하면 'Frank and Beans가 어디 reference구나, 처음 들었는데' 하면서 모르고 넘기지만 그날은 설명이 필요해진 상황이었습니다.

FRANK AND BEANS!

이럴 때는?
검색해보면 됩니다.
Frank and Beans를 쳐보니
urban Dictionary: frank and beans가 나오더군요.
urban은 '도시적인'이란 뜻으로 은어, 속어 등을 말합니다.
Frank and Beans는 Cock and Balls를 말하며 cock은 수탉도 되고, 남자 성기(genital)도 됩니다.
balls는 이미 설명했죠? (스텝 16[08])

그럼 Frank는 프랑크 소시지이고, Beans는 Balls여서일까요?
보통 이런 사전에는 어디서 인용된 것인지까지 설명이 나온답니다.

호주의 속옷 회사 이름이기도 하고, 아하! 영화에 등장한 적이 있군요.
〈There is something about Mary(메리에겐 뭔가 특별한 것이 있다)〉
그 영화 속 장면에서 남자 성기와 관련해 'Frank and beans~ Frank and beans~'라고 소리치는 장면이 있습니다.

다시 말해 그 영화를 보지 않은 사람은 저 인용을 잡아내지 못하는 거죠. 하지만 국내에서는 시청자가 이해할 수 있게 내용을 바꿔서라도 번역하려 합니다. 이래서 번역도 무조건 믿지는 못하겠죠?

그럼 영어권 사람들은 모르고도 그냥 보느냐고요?

넵. 이해 안 가는 부분은, '아, 내가 모르는데 어디선가 나오는 인상적인 부분인가 보네' 하고 넘어갑니다. 그러다 어느 순간 다른 곳에서 반복되거나 그 자료가 나온 출처 자체를 보게 되면 그때 그 몰랐던 점이 연결되는 것이죠.
만약 시간이 한참 지난 뒤에 접하면?
그래서 모르고 버려지는 것들도 많고, 나중에 다시 봐서 그때 이해할 때도 있습니다.

영어권에서 재미있는 reference 부분은 Youtube에 편집되어 올라와 있습니다. 원하기만 하면 필요한 자료들은 온 사방에 있죠? Frank and Beans도 google 검색을 하니 이 장면만 편집한 동영상이 검색 1순위로 나오더군요.

그런데 이런 reference 문화를 모르는 사람에게 "그 말이 콩깍지가 아니라, 자막이 틀린 것이고"하면서 일일이 다 설명하기는 힘들겠죠. 영어권의 reference 문화를 설명해야 하니까요. 그냥 아니라고 하면 beans가 콩이니 자신이 맞는다며 설명을 믿지 않는 경우도 생기고요.
영어가 늘다 보면 이런 애매한 것을 주위에 설명해줘야 하는 상황도 경험하게 될 것입니다.

영어를 하면서 또 좋은 것이 있다면 외국인 친구들 입니다.
영어권 친구들만이 아닌 다양한 국가의 사람과 연결되면 재미있게도 그들은 그런 관계를 통해 자연스럽게 한국의 편이 됩니다. 전에 알지 못했던 한국을 궁금해하고, 자신들이 나서서 다른 외국인들에게 한국 문화나 이슈에 대해 한국을 대변하고 보호하려 합니다.

스스로 한국어를 배워보려 한국어 책들을 찾아보고, 한국 관련 뉴스나 영화를 찾아보고 한국에 여행을 옵니다. 무대 위에서 한국을 소개하는 일반적인 방식에서 그들의 반응도 봐왔지만, 오히려 그들과 친구가 되면 그들이 능동적으로 한국을 궁금해하고 스스로 한국을 아껴주는 모습을 꾸준히 목격하게 됩니다.

영어를 통해 우리와 다른 문화와 생각을 접하다 보면 한국인으로서 꼭 지키고 싶은 우리 것이 생김과 동시에 배우고 싶은 것도 생긴답니다. 그중 하나가 그들의 지식 나눔입니다.

인터넷을 보면 그들의 대다수는 좋은 지식을 끊임없이 나누려 하는 것을 알 수 있습니다. 국내의 자료들은 대부분 '퍼가기'가 막혀 있지만 그들은 '퍼가기'를 오픈해놓습니다. 자료를 나누면 나눌수록 결국 자신에게 더 많은 것이 탄생한다는 것을 오랜 경험으로 알고 있는 것 같습니다. 이러면서 그들이 무엇에 가치를 두는지도 접하게 되죠.

세상의 문제를 자신의 것으로 보고 해결하려는 경우도 많은 것 같습니다. 세상에 공헌하려고 하는 것이죠. 세상을 둘러보면 아직도 해야 할 일이 정말 많거든요. 그땐 지식이 다가 아닌 상상력도 필요합니다. 지금까지 없던 해결책을 찾아야 하니까요.
서양의 교육을 보면 그렇게 해서 지식이 아닌 창의력으로 focus가 바뀌는 것도 쉽게 볼 수 있습니다.

Thomas Edison[토머스 에디슨]이 자신의 직원을 고용하기 위해 'Edison Test'라는 면접시험을 냈다고 합니다. 90% 이상 맞혀야 합격하는 시험이었는데 아인슈타인이 불합격했다죠.

당대 뉴턴 이후 과학의 최고 대가라 불렸던 그가 '소리의 속도'가 무엇인지 어떻게 모를 수 있었느냐는 기자의 질문에 어떤 답을 했는지 볼까요?
#I do not carry such information in my mind since it is readily available in books.
난 갖고 다니지 않는다 / 그런 정보를 / 내 정신 속에 / 그것이 readily / 구할 수 있기 때문이다 / 책 안에.
책들 속에 언제든지 읽을 수 있도록 준비되어 있기 때문에 자신은 머릿속에 그런 것을 두지 않는다는 거죠.

#The value of a college education is not the learning of many facts but the training of the mind to think.
가치 / 대학교 교육의 가치는 / 아니다 / 배우는 것 / 많은 사실을 배우는 것이 아니라, 훈련하는 것 / 정신을 훈련하는 것 / 생각하도록.
정신을 생각할 수 있게 훈련하는 것이 대학교육의 가치라는 것이죠?

그가 남긴 또 다른 유명한 말.
#The true sign of intelligence is not knowledge but imagination.
진정한 사인 / 지능의 진정한 사인은 = 지식이 아니라, 상상력이다.

정말 열심히 치열하게 공부하고 훈련하고 일하는 분들이 많습니다. 열정이란 단어가 우습게 들릴 정도로 다들 정말 너무 열심이죠.

영어 단어장을 열심히 외우고 열심히 문법 용어를 외우고, 열심히 문장을 외워도 영어가 늘지 않는 것은 열정의 부족, 집중력의 부족이 아니라 방법이 잘못되었기 때문입니다.
이제는 나침반을 잘 조정해 여러분이 가고 싶은 길을 즐겁게 만드세요.

세상의 문제는 꼭 웅대하지 않아도 되겠죠. 미국의 TV 쇼 중 자수성가한 억만장자 5명이 앉아 일반인들의 사업에 실제로 투자하는 리얼리티 프로그램 〈Shark Tank〉가 있습니다. 온라인으로 볼 수 있는데 보면 별것 아닌 문제들을 기발하게 풀어서 제품화한 것도 구경할 수 있답니다. 사업하는 분들에게 도움이 될 수도 있는 또 다른 실전 영어 자료죠.

영어라는 외국어 하나로 다양한 것을 얻게 될 수 있습니다.
이 모든 것 중 여러분의 마음에 드는 것만 쏙쏙 골라 여러분 것으로 만들면 됩니다!
내 것으로 만드는 것은 그리 오래 걸리지 않는답니다.

Created by M. Burnett

영어는 기둥을 중심으로 레고처럼 구조가 세워져 있고 그것들이 서로 엮이는 언어라는 것을 기억하세요! 그럼 다음 문장을 소리내서 읽어보세요.

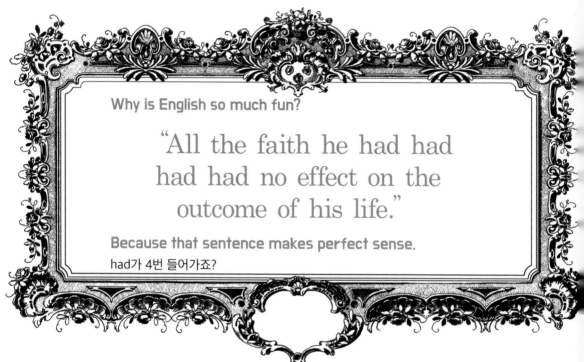

Why is English so much fun?

"All the faith he had had had had no effect on the outcome of his life."

Because that sentence makes perfect sense.
had가 4번 들어가죠?

카멜레온이 뭐고 기둥이 뭔지 보이나요?

카멜레온: All the faith that he'd had.

기둥: had + pp had

do be   had~

extra   no effect

extra   on the outcome

extra   of his life

→ 그가 가지고 있던 모든 믿음은 그의 인생의 결과에 아무런 영향을 미치지 않았다.
카멜레온은 He'd had all the faith에서 온 것입니다. 같은 구조를 더 심플하게 보여드리죠.

The faith (that) he had didn't have an effect on the outcome.
DID 구조로 열차로 만들어진 카멜레온이 있고, 기둥도 DID 기둥이죠?
자, had가 4번 들어간 초반 문장은, 이미 과거에 대한 말을 하다가 더 과거로 가야 됐고, 거기서 또다시 더 과거로 가야 해서 또다시 HAD + pp로 말해준 것뿐입니다.
거기다 HAVE의 pp는 had이니, HAD + pp에 had had가 붙을 수밖에 없는 거죠.
결국 영어는 단어 위치를 알아야 한다는 것! 단어 뒤에 숨겨진 틀이 다 있다는 것! 가끔 이렇게 나란히 써서 헷갈릴 때는 콤마를 쓰는 경우도 종종 볼 겁니다. 이해하기 편하게 해주려는 조치죠.

영어로 읽어보세요.

#1. What you know.

#2. What you know you don't know.

#3. What you think you know.

#4. What you don't know you don't know.

이제 여러분의 영어에는

1. 여러분이 아는 것과,

2. 아직 자기 것이 되지 않은 것과,

3. 안다고 생각해서 실수할 것들과,

4. 자신이 모른다는 것도 모르는 기타 등등이 남아 있답니다.

이제 여러분이 혼자서 걸어가야 할 길이죠. 항상 재미있는 것을 중심으로 하세요.

여러분의 영어가 어떤 길을 펼쳐낼지,
어떤 도움을 주게 될지 아무도 모르는 거죠?
하지만 그 여정은 재미있을 겁니다.
여러분의 앞날에 행운이 함께하기를 빕니다!

What will be
will be!

지름길을 선택한 이들을 위한 아이콘 요약서

- 문법 용어를 아는 것은 중요치 않습니다. 하지만 문법의 기능을 아는 것은 중요합니다. 이것은 외국어를 20개 하는 이들이 다들 추천하는 방식입니다. 문법을 이렇게 기능적인 도구로 바라보는 순간 영어는 다른 차원으로 쉬워지고 자신의 말을 만드는 것은 퀴즈처럼 재미있어집니다.

- 아래의 아이콘들은 영어의 모든 문법 기능들을 형상화한 것들로 여러분이 영어를 배우는 데 있어서 엄청나게 쉬워질 것입니다.

영어의 모든 문법 기능을 형상화한 아이콘

 우리말은 주어가 카멜레온처럼 잘 숨지만 영어는 주어가 있어야 하는 구조. 항상 찾아내야 하는 카멜레온.

 단어든 문장이든 연결해줄 때 사용하는 연결끈.

 스텝에서 부정문, 질문 등 다양한 구조를 접하게 되는 기둥.

 여기저기 껌딱지처럼 붙으며 뜻을 분명히 하는 기능. 힘이 세지는 않아 기둥 문장에는 못 붙음.

 문장에 필요한 '동사'. 영어는 동사가 두-비. 2개로 정확히 나뉘므로 직접 골라낼 줄 알아야 함.

 위치가 정해져 있지 않고 여기저기 움직이며 말을 꾸며주는 날치 아이콘.

 중요한 것은 기둥. 그 외에는 다 엑스트라여서 뒤에 붙이기만 하면 된다는 것을 상기시켜주는 아이콘.

 날치 중 어떤 부분을 강조하고자 할 때 보이는 스포트라이트.

Map에 추가로 표기된 아이콘의 의미

 영어를 하려면 가장 기본으로 알아야 하는 스텝.

 알면 더 도움이 되는 것.

 주요 단어들인데 학생들이 헷갈려 하는 것들.

 반복이 필요한 훈련 스텝.

- 문법이란 문장을 만들기 위해 올바른 위치에 단어들을 배열하는 방법으로 영어는 그 방법이 심플하고 엘레강트합니다. 각각의 문법 기능을 가장 쉽게 설명하는 것이 다음 아이콘들입니다. 문법에는 끝이 없다고 생각했겠지만 기둥 이외에 문법은 총 10개밖에 없으며 이것으로 어렵고 복잡한 영어까지 다 할 수 있습니다.

- 복잡하고 끝없던 문법 용어들은 이제 다 버리세요. 여러분이 원하는 것은 영어를 하는 것이지 복잡한 한국어 문법 용법들을 알려주는 것이 아니니까요.

 연결끈같이 보이지만, 쉽게 매듭이 풀려 기둥 앞에 배경처럼 갈 수 있는 리본.

 타임라인에서 한 발자국 더 앞으로 가는 TO 다리.

 리본이 풀려 기둥 문장 앞에 깔리며 배경 같은 역할을 할 때 보이는 카펫.

 열차마다 연결고리가 있고 고리끼리 서로 연결되면서 전체적으로 긴 열차가 됨을 나타내는 아이콘.

 어려운 문법처럼 보이지만, 기둥 구조를 익히고 나면 굉장히 간단해지는 기능.

 단어 뒤에 붙어 전달되는 의미를 변화시키는 ly.

 껌딱지같이 간단하게 붙이기만 하면 되지만 껌딱지와 달리 무거운 기둥 문장을 붙일 수 있는 THAT.

 기둥끼리 엮일 때 보여주는 아이콘.

 두비에 붙어 두비의 기능을 바꿔주는 [잉].

 구조를 분석하는 것보다 그냥 통째로 연습하는 것이 더 간단한 스텝.

 실제 영어 대화에서 많이 쓰이지만 국내에서 잘 안 접했던 말.

 전에 배운 Planet 스텝을 이후에 배운 새로운 기둥 등에 적용시켜 Planet을 크게 복습하는 스텝.

 기둥 이외의 큰 문법 구조. 집중해야 함.

영어공부를 재발명하는 최파비아 기둥영어 (전9권)

쉽다! 단순하다! 효과는 놀랍다!
기둥 구조로 영어를 바라보는 순간
영어가 상상 이상으로 쉬워진다.
아무리 복잡한 영어라도 19개의 기둥으로 배우면
영어를 완전정복할 수 있다.
하루에 한 스텝씩!

영어의 전 과정을 커버하는
《최파비아의 기둥영어》 전9권

\+ 영어학습을 도와주는 맵과 가리개
\+ paviaenglish.com - 무료 리스닝 파일과
　　　　　셰도잉 연습